Obermaier/Held · Jagdflieger Oberst Werner Mölders

Bilder und Dokumente

Ernst Obermaier / Werner Held
unter Mitarbeit von Luise Petzolt-Mölders

Jagdflieger Oberst Werner Mölders

MOTORBUCH VERLAG STUTTGART

Einbandgestaltung: Siegfried Horn

ISBN 3-87943-869-2

1. Auflage 1982

Eine Abteilung des Buch- und Verlagshauses Paul Pietsch GmbH & Co. KG.

Satz und Druck: Sulzberg-Druck GmbH, 8961 Sulzberg im Allgäu
Bindung: Großbuchbinderei Franz Spiegel, 7900 Ulm
Printed in Germany.

Inhalt

Bf 109 – Vierfinger – Schwarm.
Bei der Entwicklung dieser Gefechtsformation,
von den Engländern auch „Mölders-Formation“ genannt,
spielte Werner Mölders die führende Rolle.

Vorwort

Mit das beeindruckenste Erlebnis während meines Fronteinsatzes im Zweiten Weltkrieg war die Begegnung mit Oberst Werner Mölders.
Als Sportflieger war ich 1939 mit Kriegsbeginn einberufen worden und kam nach der Ausbildung zum Jagdflieger im Sommer 1940 an die Front zum Jagdgeschwader 51. Zu diesem Zeitpunkt war es ein Geschwader wie jedes andere, und niemand konnte ahnen, daß es bald zu den berühmtesten Fliegerverbänden, hüben wie drüben, zählen würde.
Während der Luftschlacht um England lag das Geschwader in Nordfrankreich nahe der Küste. Ich tat als Flugzeugführer in der ersten Gruppe Dienst und wurde anläßlich eines Begleitschutzauftrages zur Berichterstattung zum Kommodore befohlen. Sicher, ich hatte viel von ihm gehört, ihn auch einige Male gesehen, war wie meine Kameraden stolz, daß unser Kommodore die meisten Luftsiege hatte, aber persönlichen Kontakt hatte ich noch nie mit ihm gehabt. Ich war sehr gespannt auf dieses Zusammentreffen.
Dann lernte ich bei diesem Gespräch einen Offizier kennen, der soviel menschliche Ausstrahlungskraft hatte, der mich unbeschadet meines Dienstgrades, ohne jemals jovial zu wirken oder gar überheblich zu sein, einfach als Fliegerkameraden ansprach, daß ich ohne Bedenken ja sagte, als er mir zu Ende der Unterhaltung vorschlug, sein Begleiter im Einsatz zu werden.
In den folgenden Monaten wohnten wir unter einem Dach, ich flog mit ihm zusammen, erlebte ihn in der Routine der Einsätze, in kritischen Situationen, bei der Führung seines Geschwaders, im Kameradenkreis und war Zeuge mancher sehr offener Gespräche mit seinen Vorgesetzten. Dieser Mann, der in seiner äußeren Erscheinung sehr korrekt war, der oft so

ernst erschien und doch mit uns von Herzen fröhlich sein konnte, der durch und durch gerade, offen und tapfer war, wurde uns Jagdfliegern zum Vorbild.
Vielleicht waren es die genannten Eigenschaften, gepaart mit seiner ehrlich gemeinten und praktizierten Fürsorge der Grund, daß wir, seine Techniker, Flieger, Soldaten, Offiziere, Mannschaften, einfach alle, für die er Verantwortung trug, überzeugt von ihm als „Vati Mölders" sprachen.

Es ist aus meiner Sicht und Lebenserfahrung nur wenigen Männern die Gabe verliehen, Vertrauen zu erwecken, zu überzeugen und dabei doch Freund zu sein, mehr noch, in kritischen Situationen vorbehaltlos zum Einsatz für den Kameraden bereit zu sein. So durfte ich den Kommodore in der kurzen Zeit des Zusammenseins kennenlernen.
Ein Vorbild? Für Männer, die die aufgezeigten menschlichen Eigenschaften bejahen, Ja!

(Erwin Fleig)

Oberst Werner Mölders – das Leben eines deutschen Jagdfliegers

Am 23. November 1941 hörte der damals noch jugendliche Autor dieses Buches im deutschen Rundfunk folgende Nachricht:
„Wie das Oberkommando der Wehrmacht bekanntgibt, verunglückte der Inspekteur der deutschen Jagdflieger, Oberst Mölders, bei einem Flugzeugabsturz tödlich. Der Absturz erfolgte mit einem Flugzeug, das er nicht selbst lenkte ..."
Ich erinnere mich noch so gut an diese Meldung und meine Reaktion, als wenn es erst heute gewesen wäre. Wie erstarrt vernahm ich die Worte des Sprechers, die für mich unfaßbar waren, brach dann in Tränen aus und war tagelang kaum ansprechbar und zu trösten. „Mein" Idol und Vorbild als Flieger, Soldat und Mensch war tot! Ein Mann, der nicht nur von mir so verehrt wurde, sondern von Hunderttausenden von Jugendlichen meines Alters, ja sogar von Millionen Deutscher jener Jahre!

Wer dies heute liest und die Jahre zwischen 1938–1945 nicht selbst erlebt hat, wird sich wohl sehr verwundert fragen, wie war das möglich? Wer war dieser Mann, der da so bewundert und verehrt wurde von sovielen Menschen eines Volkes? Was zeichnete ihn so aus, daß die Massen soviel Notiz vom Schicksal eines Einzelnen nahmen, zu einer Zeit, in der doch jeder mit sich selbst genug zu tun hatte?
Der Autor will mit diesem Buch versuchen, eine Antwort auf diese Fragen zu geben. Der Versuch – mehr kann es nicht sein – Werner Mölders mit diesem Bildband zu würdigen, bietet eine solche Fülle von Ansatzpunkten, daß es nicht leicht ist, sie alle richtig einzuordnen und dem Leser so wiederzugeben, daß er versteht, warum man diesen Soldaten bis zum heutigen Tag nicht vergessen hat und daß – bisher einmalig in der Geschichte der deutschen Streitkräfte – sein Name in den Bereichen Marine

und Luftwaffe unserer Bundeswehr vertreten ist!

Wer also war dieser Oberst Werner Mölders, den damals jeder Deutsche als den erfolgreichsten Soldaten der Luftwaffe aus den Zeitungen, Illustrierten und der Wochenschau kannte: seine drahtige Gestalt, das braungebrannte Gesicht, den ernsten, offenen und warmherzigen Blick seiner Augen?

Mölders wurde am 18. März 1913 in Gelsenkirchen als Sohn eines Studienrats geboren. Seinen Vater hat er kaum gekannt, denn dieser wurde bereits sehr früh ein Opfer des Ersten Weltkrieges. Er fiel am 2. März 1915 als Leutnant der Reserve im Königsinfanterie-Regiment Nr. 145 in den Argonnen (Frankreich). Die junge Witwe zog nach seinem Tod mit ihren vier Kindern, drei Jungen und einem Mädchen, in das elterliche Haus nach Brandenburg a.d. Havel.

Dort verbrachte Mölders seine Kindheit und Jugendzeit. Er wuchs in dieser wunderschönen Märkischen Landschaft zu einem sehr naturliebenden und naturverbundenen Menschen heran. Sein Onkel Paul, der in der Nähe Brandenburgs auf dem Lande lebte und den er besonders gern mochte, brachte ihm ganz besonders die Welt der Tiere näher. So hatte er zeitlebens ein besonderes Verhältnis zur Natur, zum Wild und zum edlen Waidwerk.

In Brandenburg a.d.Havel besuchte er das „Saldria-Gymnasium“ und entdeckte dort als Pennäler seine Liebe zum Wassersport. An den schönen Sommertagen lag er mit seinen Kameraden auf der Havel und erzielte als Schülerruderer des RV. „Saldria-Brandenburg“ sowie später im „Brandenburger Ruderclub“ manch schönen Regattaerfolg. Auf dem Wasser fühlte sich Mölders wohl, und mit Leidenschaft setzte er sich für seinen Sport ein. Als er zum „Brandenburger Ruderclub“ übertrat, führte er sehr bald die Abteilung der Jung-Ruderer.

Neben den Wassersportvereinen gehörte Mölders auch dem Bund Neudeutschland in der katholischen Jugendbewegung an. Zusammen mit seinem jüngeren Bruder Victor, dem er immer besonders verbunden war, zog er in dieser Gemeinschaft hinaus in die Natur, um dort in den Zeltlagern mit gleichgesinnten Freunden und Kameraden die Freizeit zu verbringen. Schon damals wegen seines offenen Wesens, seiner kameradschaftlichen und vorbildlichen sportlichen Haltung von allen anerkannt und beliebt, brachte er es zum Gruppenführer in dieser Jugendorganisation.

Von Kindheit an religiös erzogen, wuchs in dieser von Kaplan Klawitter – seinem ihm lebenslang verbundenen Seelsorger und Freund –, geleiteten jungen Gemeinschaft sein Glaube an Gott, und er blieb diesem Glauben auch als Offizier und Soldat bis zu seinem frühen Tod treu. Seine großen menschlichen Tugenden resultierten sicherlich auch aus seiner Einstellung zu Gott und zur katholischen Kirche.

Mölders hatte schon als Junge den Wunsch, Soldat zu werden. Nach dem mit 17 1/2 Jahren bestandenen Abitur meldete er sich freiwillig zur Reichswehr. Von 60 Offiziersanwärtern seines Jahrgangs, die sich für das „Hunderttausend-Mann-Heer“ beim Infanterie-Regiment 2 in Allenstein/Ostpreußen beworben hatten, wurden nur drei eingestellt, zu denen auch Mölders gehörte. So begann am 1. April 1931 die fast einmalige militärische Laufbahn dieses deutschen Soldaten, der bis zum heutigen Tage unvergessen ist.

Nach der infanteristischen Grundausbildung, kam Mölders im Oktober 1932 zur Kriegsschule Dresden und wurde nach erfolgreichem Abschluß der Ausbildung im Juni 1933 als Fähnrich an die Pionierschule nach München versetzt. An seine Fähnrichszeit in München erinnerte sich Mölders immer gerne, hatte er doch hier jede Möglichkeit ausgenützt, um an der Isar und auf dem Starnberger See seiner alten Liebe, dem Wassersport, zu huldigen. Auch die Liebe zu den Bergen wurde hier geweckt, und so manche Bergwanderung machte er in den bayerischen Alpen mit seinen Kameraden.

Die Ausbildung des angehenden Pionieroffiziers war hart und vielseitig, doch sie machte Mölders Freude. In diese Zeit fiel seine freiwillige Meldung zur neuen deutschen Luftwaffe, die es damals noch nicht offiziell gab, die aber „unter der Hand" im Entstehen war. Fliegen zu können, war einer seiner Jugendträume gewesen, und als die Lehrgangsteilnehmer gefragt wurden, wer Lust zum Fliegen habe, meldete er sich sofort.

Das Ergebnis seiner Fliegertauglichkeitsprüfung aber war für ihn eine Katastrophe! Er vertrug die Kreiseltouren nicht. „Bleich und übelriechend haben sie mich als fliegeruntauglich heimgeschickt", notierte er in seinem Tagebuch. Trotzdem gab Mölders nicht auf, er wollte „es unbedingt wissen" und jetzt erst recht zur Fliegerei! Er wurde nochmals zur Prüfung zugelassen und als „bedingt tauglich" angenommen.

Nach seiner am 1. 2. 1934 erfolgten Beförderung zum Oberfähnrich war es dann endlich soweit, er wurde Flieger. Noch im gleichen Monat kam er zur Flugzeugführerausbildung an die Deutsche Verkehrsfliegerschule nach Cottbus in der Mark Brandenburg. Seit 1. März 1934 Leutnant, hatte er anfänglich wiederum große Schwierigkeiten, sein großes Ziel zu erreichen. Rasende Kopfschmerzen und Schwindelgefühle peinigten ihn bei den ersten Flugausbildungsstunden. Doch seine Willenskraft war stärker als die körperlichen Schwächen. Als er dann selbst am Doppelsteuer mitflog, hatte er diese Schwierigkeiten bald überwunden und beendete schließlich als Lehrgangsbester die Ausbildungszeit in Cottbus.

Anschließend kam er zur weiteren Ausbildung an die Kampffliegerschule Tutow und zur Jagdfliegerausbildung nach Schleißheim bei München. Während dieser Zeit erfolgte die formale Übernahme als Leutnant in die neu geschaffene, nun auch seit dem 1. März 1935 offizielle deutsche Luftwaffe sowie die Verleihung des Flugzeugführerabzeichens der Luftwaffe am 21. Mai 1935.

Von Juli 1935 bis April 1936 flog Mölders bei der Fliegergruppe Schwerin (I./162 „Immelmann"). Bei der Besetzung des sogenannten „entmilitarisierten Rheinlandes" am 7. März 1936, flog Mölders mit seiner Staffel, von Lippstadt in Westfalen kommend, über das Ruhrgebiet an den Rhein. Er landete mit seinen Männern in Düsseldorf, wo sie von der Bevölkerung begeistert begrüßt wurden.

In dieser „Schweriner Zeit", die nach seinen eigenen Worten zu den schönsten und sorgenfreiesten seines Lebens zählte, lernte Mölders Frau Luise Baldauf kennen, die er dann während des Krieges, wenige Wochen vor seinem tragischen Fliegertod, heiratete.

Am 20. April 1936, Hitlers Geburtstag, erfolgten in der neuen Wehrmacht viele Beförderungen, und auch Mölders wurde mit Wirkung

vom 1. April 1936 zum Oberleutnant befördert. Gleichzeitig wurde er zum Führer der Jagdschulstaffel in der II. Gruppe des Jagdgeschwaders 134 „Horst Wessel“ ernannt, die in Werl/Westfalen stationiert war. Die Gruppe wurde von Major Theodor Osterkamp geführt, einem der überragenden Jagdflieger des I. Weltkrieges (32 Luftsiege), ausgezeichnet mit dem Orden „Pour le Merite“ und bei allen Fliegern jener Zeit als „Onkel Theo“ bekannt. Bei ihm, einem leidenschaftlichen Flieger und Jäger, der zudem ein ausserordentlich ritterlicher und hervorragender Einheitsführer war, lernte Mölders sehr viel hinzu.
Um ein guter Jagdflieger zu werden, brauchte man nicht nur Mut und ein gutes Auge. Das Auge mußte auch im dauernden Beobachten des Luftraumes geschult werden: es gehörte die restlose Beherrschung des Flugzeuges und der Waffen dazu, aber auch der bedingungslose Einsatz für den Kameraden und ritterliches Verhalten im Leben wie im Kampf. Einen besseren Kommandeur und Lehrmeister als Theo Osterkamp hätte Mölders nicht haben können.
Am 15. 3. 1937 wurde Mölders Staffelkapitän und übernahm die 1. Staffel in der I./JG 334 in Wiesbaden.
Im Sommer 1936 war in Spanien der Bürgerkrieg ausgebrochen, in dem die deutsche Regierung sehr bald durch die Entsendung der sogenannten „Legion Condor“ Partei für die Nationalen unter General Franco nahm. Im deutschen Aufgebot befand sich auch eine Jagdgruppe, deren Flugzeugführer in gewissen Abständen ausgetauscht wurden, um möglichst vielen Fliegern die Gelegenheit zu geben, unter kriegsmäßigen Bedingungen Erfahrungen zu sammeln. Auch Mölders war von seinem Kommandeur Osterkamp für Spanien gemeldet worden, mußte aber bis Ostern 1938 waren, bis die Reihe an ihn kam. In einem Brief an den Bruder Hans schrieb er:
„Was sonst alles zu regeln war, ist geschehen. Das war ja notwendig für den Fall, daß ich Euch aus irgendwelchen Gründen nicht mehr wiedersehen sollte. Ich selbst trage allerdings eine ganz merkwürdige innere Überzeugung, daß mir nichts zustoßen wird. Mein Vermögen und meine Sachen habe ich ‚testamentarisch‘ verteilt; Mutter, Victor und Du – jeder bekommt seinen Teil. Aber vergeßt mir meinen kleinen Patenjungen Hartmut nicht!“
In Spanien wurde Mölders der 3. Staffel zugeteilt, die von Oberleutnant Adolf Galland geführt wurde. Mit der unterlegenen He 51 ausgerüstet, wurde diese Staffel als Schlachtflieger eingesetzt. Die Tiefangriffe im Abwehrhagel der feindlichen Erdabwehr verlangten von den Flugzeugführern ein Höchstmaß an Überwindung und Mut. Unter der Leitung des „Capitano“ Galland machte das „Häschen“ Mölders seine ersten Feindflüge, bis er am 24. 5. 1938 selbst die Führung der Staffel übernahm, da der Kämpe Galland in die Heimat zurückkehrte. Die Tage der He 51 jedoch waren gezählt, zu groß war das Risiko geworden, immer wieder hatte sich die hervorragende leichte Flak der Rotspanier ein Opfer geholt. Die beiden Schlachtfliegerstaffeln der „Legion“ wurden aus dem Einsatz gezogen, sehnsüchtig wartete man auf das Eintreffen der modernen Jagdmaschinen vom Typ Messerschmitt Bf 109. Anfang Juli 1938 war es endlich so weit, die Staffel Mölders konnte nach und nach umgerüstet werden. Und schon beim zweiten Feindflug kam es zu den ersten Erfolgen. Mit sechs Flug-

zeugen war Mölders gestartet. Der erste Luftsieg ist für einen Jagdflieger der wichtigste, darum soll Mölders selbst zu Wort kommen: „Einen Augenblick stockte mir wirklich der Atem, ... ich erkannte in weiter Ferne bei Valencia viele kleine Punkte, ... Gegner. – Der ersehnte Augenblick war da. Ich stieg noch fünfhundert Meter höher und gab unaufhörlich das Angriffszeichen. Die Punkte kamen näher ... ich erkannte Curtiss, etwa vierzig bis fünfundvierzig. Wir sind sechs, alle unerfahren, aber sie haben uns noch nicht gesehen. – Auf sie! – Ich komme wundervoll heran, schieße aber vor Aufregung viel zu früh – der Bursche macht kehrt – zieht mir entgegen – ich sehe das Mündungsfeuer von vier MG auf mich gerichtet. – Donnerwetter bekomme ich einen Schreck: So einfach ist das Abschießen doch nicht. Da, ein Fallschirm, eine brennende Curtiss – der erste Abschuß für meine Staffel. Wer mag es gewesen sein? – Wieder herum die Kiste und dazwischen – Rauchspur hängt in der Luft – zwei Curtiss kommen mir entgegen – ich schwitze wie ein Bulle – durch – da eine Messerschmitt, die senkrecht stürzt – hoffentlich fängt sie sich noch – Gott sei Dank, nur heute im ersten Luftkampf keine Maschine verlieren! 45:6, ich mache mir Vorwürfe, daß ich angegriffen habe, – weiter, bloß kämpfen, ich bin plötzlich ganz ruhig, übersehe den ganzen Luftraum. Da ziehen zwei Curtiss hoch, – ich tauche unter, komme von unten herauf, der hintere merkt mich, türmt, aber den anderen habe ich im Visier, – fünfzig Meter – alle meine vier MG hämmern los – er bäumt sich auf, kippt ab – ich hinterher, noch einmal die MG – er raucht, er brennt – erster Luftsieg – ich bin unerhört glücklich – wo sind meine Me's? Die Curtiss sind alle nach unten weggedrückt, ich sammle vier Flugzeuge von mir und fliege nach Hause. Über dem Platz wird tüchtig mit den Maschinen gewackelt (das Zeichen für einen Abschuß). Hinter mir wackelt noch eine Maschine. Es ist Leutnant Lippert, der den ersten Abschuß für die Staffel hatte. Unten sehe ich meine Mechaniker hochspringen vor Freude. Mein braver Erster Wart, mit dem guten deutschen Namen Meier, kann den ersten weißen Strich auf das Leitwerk malen. Leutnant Oesau hatte auch seinen Ersten abgeschossen und so konnte ich stolz meinem Kommandeur aus unserem ersten Luftkampf drei Luftsiege melden."

Mölders hat seinen ersten Abschuß immer wieder analysiert. Die Erregung endlich an den Feind zu kommen, hatte ihn dazu verführt, zu früh auf die Knöpfe zu drücken. Bei den nächsten Luftkämpfen behielt er die ruhige Überlegung und ging näher heran. Als Staffelkapitän, als Gruppenkommandeur, und später als Geschwaderkommodore sah er es als seine vornehmste Aufgabe an, dem Nachwuchs zum Abschuß zu verhelfen. Es kam ihm auch nicht darauf an, einzelne „Asse" mit hohen Abschußzahlen heranzuziehen, sondern sein Ziel war es, eine möglichst große Zahl von Jagdfliegern zu guten Durchschnittsleistungen zu führen.

Der erste Luftsieg am 15. 7. 1938 sollte nicht sein letzter bleiben. Mit wachsender Erfahrung, Kaltblütigkeit und Nervenruhe wuchs auch die Zahl der Abschüsse. Man muß sich davor hüten, diese Luftkämpfe in Spanien als Spaziergänge anzusehen. Zwar war die Bf 109 ihren rotspanischen Gegnern in vielen Belangen überlegen, aber die russischen Typen I–15 („Curtiss") und I–16 („Rata") waren ernstzunehmende Gegner, wenn sie von aggresiven Piloten geflogen wurden. Mölders berichtete von Luftkämpfen, die an die zwanzig Minuten dauerten, ohne daß es zu einem Abschuß kam. Die Entwicklung des Luftkampfes machte in Spanien einen gewaltigen Sprung nach vorn. Man muß sich vorstellen, daß zu Beginn die Jäger in geschlossener Formation von 20, 30 oder mehr Flugzeugen miteinander kurbelten. Die deutschen Jagdflieger nützten sehr bald die Vorteile, die ihnen ihr modernes Flugzeug Bf 109 bot, und entwickelten eine neuartige Gefechtsformation, die im Laufe der nächsten Jahre von allen kriegsführenden Luftwaffen übernommen wurde: den sogenannten Vierfinger-Schwarm. In dieser aufgelockerten Formation flogen die deutschen Jäger als Rotten, Schwärme (zwei Rotten) oder Staffeln mit großen Zwischenräumen und Höhenstufungen. Dadurch wurde ein sehr großer Luftraum abgedeckt, man mußte sich nicht krampfhaft um die Einhaltung des Verbandsfluges kümmern, der aufgelokkerte Verband fiel weniger ins Auge, konnte aber selbst besser sehen, den Luftraum hinter dem Rottenkameraden beobachten und damit die Überraschungsgefahr ausschalten. Die kleinen Kampfeinheiten, Rotte und Schwarm hatten eine große Entschlußfreiheit und konnten sich der jeweiligen Luftlage flexibel anpassen. Bei der Entwicklung des Vierfinger-Schwarms spielte Werner Mölders die führende Rolle. Es kommt daher nicht von ungefähr, daß beispielsweise im Imperial War Museum in London diese Gefechtsformation als „Mölders-Formation" bezeichnet wird und auch von der Royal Air Force notgedrungen übernommen werden mußte.

Die Zahl seiner Luftsiege wuchs stetig und fand seine Würdigung in der vorzeitigen Beförderung zum Hauptmann mit Wirkung vom 1. 10. 1938. Noch bemerkenswerter aber ist, daß er sich bereits in Spanien den Ehrentitel „Vati Mölders" erwarb, Ausdruck der stark ausgeprägten erzieherischen Note und Fürsorglichkeit als Vorgesetzter und Kamerad. Am 5. 12. 1938 schlug die Abschiedsstunde. Mit 14 anerkannten und drei unbestätigten Luftsiegen kehrte er als der erfolgreichste Jagdflieger der „Legion Condor" nach Deutschland zurück.

Es war nur natürlich, daß die Führung sich seine Erfahrungen in Spanien nicht entgehen ließ und ihn für drei Monate in das Reichsluftfahrtministerium abordnete, wo er beim Inspekteur der Jagdflieger an der neuen Jagdfliegervorschrift arbeitete. Am 15. 3. 1939 ging er wieder zur Truppe zurück, wurde Staffelkapitän der 1. Staffel/JG 133, aus der sehr bald die 1./JG 53 „Pik As" wurde. Anläßlich der Rückkehr der „Legion Condor" nach Deutschland wurde Werner Mölders das Deutsche Spanien-Kreuz in Gold mit Schwertern und Brillanten verliehen.

Als am 1. 9. 1939 der Zweite Weltkrieg ausbrach, gehörte die Staffel von Mölders zu den Verbänden, die im Gebiet Mosel – Saar – Pfalz die Grenzüberwachung übernommen hatten. Für ihn selbst begann der Krieg nicht gerade sehr verheißungsvoll, denn am 8. 9. mußte er wegen Motorschaden auf einer Wiese notlanden, machte einen Überschlag und zog sich eine schmerzhafte Rückenstauchung zu. So kam es, daß die ersten Luftsiege seiner Staffel ohne seine Mitwirkung erzielt wurden, was ihn natürlich sehr wurmte, zumal sein „kleiner" Bruder Victor als Flugzeugführer in einem Zerstörergeschwader mit einer Me 110 bereits in den ersten

Tagen des Polen-Feldzuges einen Luftsieg erzielt und dafür das EK II erhalten hatte. Aber am 20. 9. 1939 war es dann soweit. Bei Grenzüberwachung in der Nähe des Dreiländerecks überraschte Mölders mit seinem Schwarm eine Staffel französischer Jäger vom Typ Curtiss. Nach kurzem Kurvenkampf stürzte die von ihm angegriffene Curtiss brennend ab, der Flugzeugführer rettete sich mit dem Fallschirm. Ein paar Tage später heftete der Geschwaderkommodore Mölders das Eiserne Kreuz II. Klasse an die Brust.

Am 1. 10. 1939 wurde er mit der Aufstellung der III. Gruppe des JG 53 in Wiesbaden-Erbenheim beauftragt. Es zeugt von der Tatkraft und seinem Führungskönnen, daß die neue Jagdgruppe schon nach 14 Tagen ihre Einsatzbereitschaft melden konnte und in die Grenzüberwachung einbezogen wurde. Am 30. 10. 1939 erzielte die Gruppe ihren ersten Luftsieg, und kein anderer als Werner Mölders war der glückliche Sieger. Es war eine englische Bristol-Blenheim, die im Raum Trier Aufklärung flog. Als es den deutschen Jägern endlich erlaubt wird, die Grenze zu überfliegen, häufen sich die Abschußgelegenheiten. Bis zum Beginn des Frankreichfeldzuges sind im Flugbuch von Mölders 18 Luftkämpfe verzeichnet, in deren Verlauf er neun Abschüsse buchen konnte, ein erstaunlich günstiges Verhältnis. Unter den abgeschossenen Gegnern befanden sich vier englische Hurricane der 1. und 73. Squadron. Am 2. 4. 40 wurde ihm nach sieben Luftsiegen das Eiserne Kreuz I. Klasse verliehen.

Am 10. 5. 1940 begann der Frankreich-Feldzug. Die ersten Tage der Offensive brachten der Jagdgruppe Mölders fast keine Feindberührung. Erst am 14. 5. hatte Mölders den ersten Luftkampf und schickt seinen zehnten Gegner, eine Hurricane, zu Boden. Nun kamen die Erfolge Schlag auf Schlag. So hatte die Jagdgruppe am 21. 5. Luftkampf mit mehr als 50 englischen und französischen Jägern, wobei Mölders drei Morane bezwingen konnte. Anderntags stellte er mit seinem Gruppenschwarm einen französischen Aufklärer vom Typ Potez 63, der sich geschickt zur Wehr setzte. Endlich, dicht über den Baumwipfeln, war Mölders auf Rammnähe heran, ein Aufschlagbrand markierte das Ende dieses tapferen Gegners. Bei der Rückkehr stellte sich heraus, daß die Spitzen der Propeller seiner Bf 109 verbogen waren, er mußte bei der hitzigen Jagd die Baumkronen berührt haben. Am nächsten Tag führte er mit zehn Bf 109 bei schlechtestem Wetter einen erfolgreichen Tiefangriff auf den französischen Flugplatz Mourmelon durch. Und am 27. 5. waren der 19. und 20. Luftsieg fällig. Mölders hatte sechs der modernen französischen Bloch-Jäger* gesichtet, die ahnungslos in Richtung Front flogen. Geschickt umging er den Gegner in weitem Bogen und griff ihn mit seiner Staffel aus dem französischen Hinterland kommend an: „Alles aufschließen, – Angriff!“ Wie ein Unwetter fahren wir von oben in den völlig überraschten Gegner hinein. Ich nehme mir den Rechten der hinteren Kette aufs Korn, Leutnant Panthen den Linken, Leutnant Müller stößt durch auf den Kettenführer. – Bloch-Jäger! Ganz deutlich sehe ich die blau-weiß-roten Streifen am Leitwerk – immer ran auf Meter ... Meter, ruhig zielen und – die Garbe sitzt! Meine Kanonen- und MG-Garben blitzen auf in der gegnerischen Kiste. Wieder fliegt ein französischer Jäger auseinan-

* 2 Curtiss laut Flugbuch, 2 Bloch laut persönlicher Schilderung von Mölders in „Forell“

der. Um mich herum hauen meine Me's dazwischen. Der zweite Schwarm war auf die vordere Kette durchgestoßen. Überall sitzen die 109 hinter den Bloch. Die feindlichen Jäger sind überhaupt keinen Schuß losgeworden. – Da geht ein von Leutnant Kunert abgeschossener Jäger brennend zu Boden. Unten zähle ich schon vier Aufschläge. Der feindliche Staffelführer kurvt noch verzweifelt. Ich lasse ihn nicht mehr aus. Brennend schlägt er unten auf, nicht weit von der von Kunert abgeschossenen Maschine. Der letzte wurde von Leutnant Panthen so zusammengeschossen, daß er eine Bauchlandung machen mußte."

Am 29. 5. 1940 wurde der Name von Hauptmann Mölders zum ersten Mal im Bericht des Oberkommandos der Wehrmacht genannt. Als *erstem* deutschen Jagdflieger wurde ihm das Ritterkreuz zum Eisernen Kreuz verliehen und von Göring überreicht. Die Freude über die hohe Auszeichnung war groß, ganz besonders bei seinen Männern. Obwohl für große Feiern keine Zeit war, denn der Gegner in der Luft war noch immer nicht niedergerungen, wurde „Vati Mölders" bei seiner Rückkehr aus dem Hauptquartier Görings begeistert empfangen und am Abend wurde das Ereignis entsprechend gefeiert! Am Vormittag des 5. 6. 1940 fielen der 24. und 25. Gegner – doch am Nachmittag wurde seine Siegesserie jäh unterbrochen. Bei seinem 32. Luftkampf seit Kriegsausbruch wurde er selbst abgeschossen:

„17 Uhr 15 Start, wieder mit einer Staffel. Wir fliegen bis Amiens, und die Zeit ist fast um. Über uns Maschinen, aber wir können sie nicht ausmachen. Wir steigen auf 7000, – Me's! Also wieder etwas tiefer, und allmählich nach Hause. – Da plötzlich: sechs Morane! Ich setze zum Angriff an, mitten im Angriff erkenne ich zwei fremde Me-Staffeln, die von hinten und oben denselben Gegner angreifen. Sie sind eher dran, also setze ich mich erst mal ab und sehe mir das von oben an. Sie schießen viel zu früh, es gibt die übliche Kurbelei, wobei sich einige Morane wacker zum Kampf stellen. Da geht eine Me brennend hinunter, der Pilot hängt am Fallschirm.

Ich beseh mir diesen Kampf eine Weile und greife dann eine Morane an, die vergeblich von drei Messerschmitts immer wieder in der Kurve beschossen wird. Kurz bekomme ich sie ins Visier – sie schwimmt sofort ab, hat aber noch nicht genug. Plötzlich zieht sie unter mir hoch, ich verliere sie unter der Fläche – da ist sie wieder seitlich unter mir – Donnerwetter! – schießen tut diese Morane auch noch – allerdings sehr weit. Ich kurve kurz weg, um dann stark in die Sonne zu ziehen. Sie muß mich verloren haben, denn sie dreht in entgegengesetzter Richtung ab und verschwindet nach Süden. Unten schlagen sich noch zwei Me's mit einer letzten Morane herum. Ich beobachte den Kampf, der in Tiefflug übergeht, wobei die Morane durch dauerndes Kurven sich einem wirksamen Beschuß entziehen kann.

Ein Blick zurück nach oben hinten – alles noch voll von kurvenden Me's. Ich bin etwa achthundert Meter hoch – da plötzlich knallt und funkt es durch meine Kabine, daß mir schwarz wird! Der Gashebel wird zerschossen, der Steuerknüppel haut nach vorn, senkrecht geht's nach unten. – Jetzt raus – sonst ist es aus ...

Ich fasse den Abwurfhebel, die Kabinenhaube fliegt ab, – da bäumt sich mein braver Vogel noch einmal auf und gibt mir die letzte Gelegenheit, die Gurte zu lösen und mich aus dem

Sitz zu heben. Frei! – Ziehen an der Reißleine – ich habe sie plötzlich abgerissen in der Hand, – ein unheimlicher Schreck durchfährt mich. Ich greife nach oben – aber – da hat sich der Fallschirm schon geöffnet.
Ja, und nun wird es ganz ruhig. Noch einmal sehe ich meine Maschine steuerlos dahinstürzen, die linke Fläche stark aufgerissen; kurz über dem Boden bäumt sie sich noch einmal auf, als ob sie es selbst nicht glauben wollte, daß sie nun doch noch nach 25 Siegen auch einmal besiegt wurde, um dann senkrecht aufzuschlagen und restlos zu verbrennen.
Ganz ruhig hänge ich am Fallschirm; ich suche meinen Gegner, aber nur Me's kreisen um mich herum – nur Me's! Ganz langsam schwebe ich dem Boden zu, und dieser Boden ist noch vom Feind besetzt – 60 Kilometer hinter der Front, westlich von Compiègne. Ich ziehe meine Pistole und entsichere sie, um sie dann in die Hosentasche zu stecken. Unter mir nehmen zwei Bauern ihre Pferde zusammen und türmen. Eine kurze Geländeorientierung läßt ein kleines Waldstück erkennen, sonst alles Wiese. Der Boden kommt plötzlich schnell näher, ich hocke die Beine an – Aufprall verhältnismäßig weich, bin sofort vom Fallschirm los und renne auf den Wald zu. Von den Seiten kommen Franzosen angerannt – hier ist schon der Waldrand – rumms! haut mir ein Schuß um die Ohren. Ich werfe meine Pelzjacke fort und laufe, daß mir der Atem knapp wird, zum anderen Ende des Wäldchens ..."
Und so sah dieser Luftkampf in den Augen des Gegners aus:
„Um 17.05 Uhr fliegen 8 Jagdmaschinen Dewoitine 520 der Staffel „France" der Jagdgruppe II/7, begleitet von einer dreifachen Patrouille der Jagdgruppe I/3, die in niedriger Höhe operiert, einen Abschirmeinsatz im Raum Braye-sur-Somme, Proyart und Athies. Über Compiègne werden sie in 8200 m Höhe von 15 Me 109 und einem weiteren Verband von 25 Maschinen überrascht. Beim ersten Angriff der deutschen Jäger stürzt die Dewoitine 520 des Oberstabsfeldwebels Ponteins der Höhenpatrouille brennend ab. Der verletzte Pilot kann sich mit dem Fallschirm retten. Nach einem allzu ungestümen Manöver muß sein Rottenflieger den Kampf abbrechen. Nun wird die Zwischenpatrouille angegriffen. Der polnische Pilot Leutnant Strzembosch wird schwer verwundet und Leutnant Louis stürzt tödlich getroffen und brennend mit seiner Dewoitine 520 bei Quesnel-Aubry ab. Unter Führung von Hauptmann Hugo leistet die Tiefpatrouille erbitterten Widerstand. Zwei Feuerstöße von Leutnant Pomier-Layragues setzen eine Me 109 in Brand, deren Flugzeugführer sofort aussteigt. Gefangengenommen von Artilleristen der 3. Gruppe des 195. leichten Fußartillerieregiments, ist dieser Pilot niemand anders als Hauptmann Werner Mölders. Im weiteren Verlauf des Luftkampfes mit vier Gegnern bringt Leutnant Pomier-Layragues eine weitere Me 109 in Cauly brennend zum Absturz. Er wird dann selbst von sechs anderen gejagt, die ihn schwer treffen. Wie eine Fackel stürzt die Dewoitine 520 im Außenviertel von Marissel mit Aufschlagbrand ab, wobei der Pilot den Tod findet." Über die Gefangennahme selbst existiert eine französische Schilderung, die sehr charakteristisch erscheint:
„Eine Infanterieeinheit, die soeben ihren Troß auf dem Bahnhof Estrees St. Denis auslud, sah den Fallschirm niederschweben und unweit des

Hofes Villerseau zu Boden gehen. Der Pilot versuchte, in den umliegenden Getreidefeldern zu verschwinden. Als er aber von allen Seiten Soldaten auf sich zukommen sah, ließ er sich gefangennehmen. Es war ein hochgewachsener, hagerer, gebräunter Bursche, der von den überstürzten Ereignissen der letzten Minuten kein bißchen aus der Fassung gebracht schien. Man brachte ihn auf Schloß Blincourt. Dort wurde er mit Hilfe eines Dolmetschers, des Korporals Zimmermann, von Commandant Bassous und Captain Drouot vernommen. Er war, wie man deutlich sah, preußischer Herkunft und hatte nichts bei sich als ein Foto, das ihn an Görings Seite zeigte. Cdt. Bassous gab ihm das Eiserne Kreuz zurück, das man ihm abgenommen hatte, und drückte ihm die Hand. Mölders bat, den französischen Piloten kennenlernen zu dürfen der ihn abgeschossen hatte; er wollte ihm gratulieren. Aber Bassous erwiderte, das sei nicht möglich, denn er selbst habe keine Ahnung, zu welcher Einheit die Maschinen gehörten."

Dieser Bericht verschweigt, daß Mölders bei der Gefangennahme mit Kolbenschlägen und Fußtritten blutig geschlagen wurde. Er hatte dabei noch Glück, denn wie sich nach Beendigung des Frankreich-Feldzuges herausstellte, war so mancher deutsche Flieger von aufgebrachten Franzosen erschlagen worden. In einer zehntägigen Odyssee wurde Mölders in das Offizierslager Monferran bei Toulouse gebracht. Dort war die Behandlung ausgezeichnet, wenn nicht die Sorge gewesen wäre, daß die Franzosen ihn an die Engländer übergeben würden. Nach dem Waffenstillstand kehrte er in die Heimat zurück und wurde von Göring empfangen.

Es soll hier nicht unerwähnt bleiben, daß der Franzose, der Mölders bei der Gefangennahme am schwersten mißhandelt hatte, nach der Kapitulation Frankreichs zum Tode verurteilt wurde, dann aber nach mehrmaliger Fürsprache Mölders von Göring mit den Worten begnadigt wurde: „Mölders, ich schenke Ihnen den Mann!" Mölders betrachtete jedoch sein Erlebnis als eine einmalige Entgleisung und sprach von den Gegnern immer mit größter Hochachtung.

Es folgte ein dreiwöchiger Heimaturlaub, am 19. 7. erfolgte die Beförderung zum Major, außer der Reihe, und am 20. 7. 1940 erfolgte die Ernennung zum Kommodore des Jagdgeschwaders 51. Sein Vorgänger war Generalmajor Theo Osterkamp, der den Posten eines Jagdfliegerführers (Jafü) übernahm. Der Geschwadergefechtsstand lag in Wissant im Hotel Bellevue. Das JG 51 trug um diese Zeit die Hauptlast des Luftkrieges gegen England am Kanal.

Am 28. 7. 1940 flog Mölders seinen ersten Einsatz als Kommodore. Er verlief nicht ganz so prächtig, wie er es sich erhofft hatte: „Ich flog mit meinem Adjutanten Oberleutnant Kircheiß nördlich Dover. Plötzlich sehe ich drei englische Jäger, und dahinter noch einen Haufen Spitfire im Dunst. Die Spitfire flogen etwas tiefer. Ich nehme die Kette an. Als ich heran bin, gehen die beiden äußeren Spitfire in die Kurve, die mittlere fliegt weiter. Ich setze mich hinter ihn und schieße aus 60 m Entfernung. Die rechte Fläche brennt sofort, dichter Qualm und Flammen schlagen aus der Maschine, die nach unten weggeht. Ich ziehe hoch, und sehe einen Haufen Spitfire, 8–10, hinter mir. Ich bekomme einen Riesenschreck. Hier kann nur eins helfen: mitten durch den Haufen durchzustoßen! Ich fege durch, die vorderen können mich nicht mehr erreichen, aber hinten hat einer sehr gut aufgepaßt. Er schießt aus allen Rohren und trifft. Es klappert ganz ordentlich in meiner Maschine. Treffer in Kühlleitung, Flächen und Benzintank. Ich haue ab, daß sich die Flächen biegen und drücke mit 700 Sachen nach dem Kanal weg. Die Spitfire sind hinter mir und meiner Rauchfahne her. Der Motor hält Gottseidank durch. Da kommt mir Oberleutnant Leppla zu Hilfe. Er hatte den Rummel beobachtet. Er schnappt sich die Spitfire, die mir am nächsten im Kreuz saß. Nach wenigen Sekunden stürzte sie in eine Qualmwolke gehüllt nach unten ab. Als ich die Küste erreiche, beginnt der Motor zu meckern. Bei der Landung ging das Fahrwerk nicht heraus. Ich machte eine glatte Bauchlandung. Als ich aus der Maschine klettern wollte, waren meine Beine merkwürdig schwach. Ich sah starke Blutspuren. Die Untersuchung im Lazarett ergab: drei Splitter im Oberschenkel, einer im Kniegelenk und einer im linken Fuß. In der Hitze des Gefechts hatte ich nichts davon gemerkt."

Nach englischen Unterlagen könnte der glückliche englische Schütze Flight Lieutenant Webster von der 41. Squ. gewesen sein, der die Luftschlacht über England nicht überleben sollte und am 5. 9. 1940 fiel. Die von Mölders in Brand geschossene Spitfire machte eine Bruchlandung, ihr Pilot, Flying Officer Lovell, kam verwundet ins Lazarett. Auch Mölders mußte für elf Tage ins Lazarett, in seiner Abwesenheit führte Osterkamp wieder das Geschwader. Am 7. 8. kehrte Mölders zurück, gerade zur rechten Zeit, denn die Luftschlacht näherte sich ihrem ersten Höhepunkt.

Am 26. 8. 1940 eröffnete Mölders seine neue Siegesserie mit dem Abschuß einer Spitfire bei Folkestone. Gerade zur rechten Zeit, denn eine ganze Reihe von Jagdfliegern, wie Wick, Balthasar, Galland, Oesau, Mayer und Tietzen hatten ihn mit ihren Abschüssen fast schon eingeholt. Das soll aber nicht bedeuten, daß Mölders seinen Einsatz als Jagdflieger als eine Art sportlichen Konkurrenzkampfes angesehen hätte. Für ihn war die bedingungslose Pflichterfüllung Richtschnur seines Handelns, der Krieg war ihm eine zu ernste Sache, als daß er ihn zu einer frisch-fröhlichen Privatsache, sozusagen auf eigene Rechnung, abgewertet hätte. Wo er in seiner Gruppe, in seinem Geschwader auf eine derartige Einstellung stieß, fuhr er scharf dazwischen. Wenn in der Öffentlichkeit damals der Eindruck eines Wettbewerbs zwischen Mölders, Galland und Wick oder zwischen einzelnen Verbänden entstand, so geht das in erster Linie zu Lasten der Kriegspropaganda. Mölders selbst stand über solchen Sachen.

Am 31. 8. bezwang er drei Hurricane; es erfolgte die neuerliche Erwähnung im OKW-Bericht. Und am 20. 9. erreichte er mit dem Abschuß von zwei Spitfire der 92. Squadron den 40. Luftsieg. Sein Rottenflieger und Freund Oberleutnant Claus, den er erst kürzlich von seiner alten Jagdgruppe III./JG 53 zu sich geholt hatte, gab folgenden Bericht:

„Über Dungeness sah ich eine Staffel Spitfire und meldete sie. Als Antwort erhielt ich: ‚Eigene'. Als die Spitfire unter uns durchzogen und ich deutlich die Kokarden erkennen konnte, bekam ich die Wut und gab durch: ‚Hinten unter uns 5 Spitfire!' Wir machten darauf kehrt und setzten uns hinter sie. Eben machten die Engländer eine Linkskurve. Mölders setzte sich hinter eine Spitfire, die als rechtes „Holzauge" ahnungslos geradeaus flog. Dann schoß er aus nächster Entfernung. Sie ging sofort brennend nach unten weg. Mölders wechselte zur nächsten Maschine, linker Mann der Kette. Der sah unentwegt auf seinen Staffelführer und machte Linkskurven. Mölders hängte sich hinter ihn. Das Leitwerk wurde unter seinen Garben zerschmettert, Teile der Maschine fielen durch die Gegend. Die anderen drei kurvten nun wild durcheinander und verschwanden tief unten in einem Haufen Wolken. Im Bach sah ich eine aufspritzende Fontäne. Die zweite Spitfire taumelte wie ein welkes Blatt nach unten und schlug im Kanal auf. Aus beiden Maschinen erfolgte kein Fallschirmabsprung."

Damit war Mölders der erste Jagdflieger im Zweiten Weltkrieg, der die Abschußzahl 40 erreichen konnte. Am nächsten Tag wurde ihm als zweitem Offizier der Wehrmacht das Eichenlaub zum Ritterkreuz des Eisernen Kreuzes verliehen, das vor ihm bisher nur General Dietl bekommen hatte, und durch Hitler in der Reichskanzlei in Berlin überreicht.

Am 7. 10. 1940 wurde sein Bruder Oberleutnant Victor Mölders, den er als Staffelkapitän zu sich ins Geschwader geholt hatte, bei einem Jagdbombereinsatz über England abgeschossen und geriet in Gefangenschaft. In den immer härter und verlustreicher werdenden Kämpfen am Kanal zog Mölders unbeirrt seine Bahn. Drei Hurricane fielen am 12. 10., und mit drei weiteren Hurricane am 22. 10. hatte er den 49.–51. Luftsieg errungen, wieder einmal als erster. Am 29. 10. 1940 fiel der 54. Gegner. Dann hielt ihn eine schwere Grippe am Boden fest, mehrere Wochen konnte er nicht fliegen. In dieser Zeit fiel sein früherer Rottenflieger, der ihn bei über 60 Luftkämpfen begleitet hatte, Oberleutnant Georg Claus, über der Themsemündung. Verzweifelt machte sich Mölders mit seiner Bf 109 auf die Suche und kreiste bis zum letzten Tropfen Sprit über der Wasserfläche, vergebens. Am 28. 11. 1940 mußte Major Helmut Wick, Kommodore des JG 2 „Richthofen", nach 56 Luftsiegen über dem Kanal mit dem Fallschirm abspringen und blieb vermißt. Wick, der einer seiner Schüler bei der 1. Staffel JG 53 gewesen war, schrieb einmal über diese Zeit bei Mölders:

„Als ich zur 1./JG 53 kam, als junger Leutnant, da war ich, wie man so schön bei uns sagt, letzter Dreck in der Firma. Major Mölders, Träger des Goldenen Spanienkreuzes mit Brillanten, damals schon das As der Asse, formte mich zu dem, was ich heute bin. Unermüdlich schulte uns Mölders, übte mit uns, durch seine reichen Erfahrungen unterstützt, Luftkämpfe so, wie sie in der rauhen Wirklichkeit sind. Als ich dann nach vier Monaten „Katschmarekzeit" soweit auf dem Flugplatz durchgedrillt war, gab er mir einige Chancen – er ließ mich an den Feind. Ich habe sie genützt und bin Major Mölders zeitlebens dankbar dafür! Mölders ist es gewesen, an dem ich den Lehrer hatte, der für mich immer der Inbegriff des vorzüglichen Lehrers, des besten Vorgesetzten und des aufrichtigsten Kameraden geblieben ist. Er wird immer das Vorbild für jeden Jagdflieger sein, der einmal unter ihm geflogen ist. Er ist jedenfalls mein Vorbild in jeder Sekunde des Einsatzes gewesen. Ich möchte sogar soweit gehen und sagen: Er ist es erst gewesen, der mich zu einem brauchbaren Offizier und Jagdflieger herangebildet hat. Diese Zeit in der Gruppe des Majors von Janson und der Staffel des Hauptmannes Mölders ist für meine späteren Erfolge entscheidend gewesen."

Nachdem das schlechte Wetter zur vorübergehenden Einstellung des Luftkrieges gegen England gezwungen hatte, wurde das JG 51 aus dem Einsatz gezogen. Mölders (seit dem 25. 10. 1940 Oberstleutnant) und seine Flugzeugführer verbrachten ein paar unbeschwerte Wochen beim Ski-Urlaub in Vorarlberg. Anfang Februar 1941 ging das Geschwader wieder zurück an den Kanal. Schon am 10. 2. 1941 bewies Mölders, daß er nichts verlernt hatte, eine Hurricane stürzte unter seinen Feuerstößen bei Calais ins Meer. Am 26. 2. fiel der 60. Gegner. Als das Geschwader im Juni 1941 vom Kanal abgezogen wurde, hatte er 68 Luftsiege auf seinem Konto. Sein Flugbuch verzeichnete 238 Feindflüge, wozu noch 71 Frontüberwachungsflüge, Alarmstarts und Jagdvorstöße kamen. Siebzigmal hatte er Luftkampf gehabt – dabei 68 Luftsiege erzielt – nichts zeigt deutlicher, welche Ausnahmeerscheinung unter den Jagdfliegern dieser Mann sein mußte.

Glück allein ist dafür keine Erklärung, auch nicht die Erfahrung. Ein gutes Auge, fliegerisches Können, Reaktionsvermögen, taktische Begabung, Schießkunst – da mußte sich vieles summieren, bis es zu einer derartigen Leistung kommen konnte. Ganz abgesehen davon, daß es ja bereits eine Leistung war, 70 Luftkämpfe überlebt zu haben. Wie viele Jagdflieger gab es, die hatten nach 70 Luftkämpfen erst einen oder vielleicht gar keinen Abschuß und waren doch gute Soldaten, die sich voll einsetzten, als Rottenflieger beispielsweise, auf die man sich in jeder kritischen Situation verlassen konnte.

Im Laufe des Juni 1941 verlegte fast die gesamte deutsche Luftwaffe an die russische Westgrenze. Am Vorabend des Angriffes auf Rußland sprach Mölders in Siedlce zu den Flugzeugführern seines Geschwaders. Er glaube, daß der Krieg gegen Rußland sehr hart werden würde und auch sehr lange dauern könne, sagte er.

Zunächst aber sah es nicht danach aus. Die russische Luftwaffe erlitt in den ersten Wochen des Feldzuges furchtbare Verluste, und niemand hielt es für möglich, daß sie sich davon wieder erholen könnte. Am ersten Tag der Offensive gelangen Mölders vier Luftsiege, am selben Tag wurden ihm als zweitem Soldaten der Wehrmacht die Schwerter zum Eichenlaub verliehen, nachdem Galland diese Auszeichnung einen Tag vorher erhalten hatte. Die Ereignisse überstürzten sich nunmehr. Am 30. 6. 1941 schoß sein Jagdgeschwader 110 russische Flugzeuge ab, von denen fünf auf Mölders entfielen. Am 3. 7. weilte er im Führerhauptquartier „Wolfsschanze", wo ihm Hitler die Schwerter zum Eichenlaub überreichte. Schon zwei Tage später war Mölders wieder im Einsatz und verlängerte seine Abschußliste um zwei russische Bomber und zwei Jäger. Längst hatte er die magische Zahl 80 überschritten, welche den Abschußrekord des legendären Manfred von Richthofen aus dem Ersten Weltkrieg markierte. Und am 15. 7. 1941 setzte Werner Mölders selbst eine neue magische Grenze, als er seinen 100. und 101. Luftsieg erzielte. Über dem eigenen Platz drehte er vor Freude eine Rolle.

Nun überstürzten sich die Ereignisse. Am nächsten Tag wurde bekannt gegeben, daß ihm als erstem Soldat die höchste deutsche Tapferkeitsauszeichnung am 15. 7. 1941 verliehen wurde, das Eichenlaub mit Schwertern und Brillanten zum Ritterkreuz des Eisernen Kreuzes. Am 20. 7. wurde er mit sofortiger Wirkung zum Oberst befördert – und das im Alter von 28 Jahren! Getrübt wurde die Freude durch die Tatsache, daß er Feindflugverbot erhielt und mit der Versetzung in das Reichsluftfahrtministerium den Befehl über sein Jagdgeschwader abgeben mußte. Beim Abschied dankte er seinen Männern für die treue Gefolgschaft und wünschte allen weiterhin Kriegsglück. „Ich gehe jetzt in die scheußlichen Jagdgründe des Papierkrieges", sagte er. Am 26. 7. empfing ihn Hitler in der „Wolfsschanze" und überreichte ihm die Brillanten. Eine kometenhafte Laufbahn hatte ihren Höhepunkt erreicht. Seine 101 Luftsiege hatte er auf 291 Feindflügen erzielt. Hinzu kamen noch die Einsätze in Spanien und die dort erzielten 14 bestätigten Abschüsse.

Am 7. 8. 1941 wurde er zum Inspekteur der Jagdflieger ernannt. Wenn ihm auch der Abschied von der Front nicht leicht fiel, so kam die neue Dienststellung doch seinen Neigungen und seiner Begabung sehr entgegen. Hatte er doch einmal zu Galland gesagt: „Du kannst der Richthofen der Luftwaffe werden. Ich aber ziehe es vor, eines Tages ihr Boelcke zu sein." Im Sinne dieses großen Jagdfliegers des Ersten Weltkrieges hoffte er, in seinem neuen Wirkungskreis entscheidend für seine Waffe wirken zu können, indem er Einfluß nahm auf die Organisation, auf die Ausrüstung der Verbände, auf technische Entwicklungen, auf die Ausarbeitung von Taktiken, und die Verbesserung von Ausbildung und Menschenführung. Das war ein Programm, das zu verwirklichen in einem derart riesigen, schwer überschaubaren Apparat, wie es die deutsche Luftwaffe war, seine ganze Energie erforderte.

In seiner neuen Dienststellung erhielt Mölders Einblicke, die er vorher nicht haben konnte. Sehr bald erkannte er die Engpässe der Luftwaffe in der Produktion, in der Versorgung mit Treibstoff und Munition, in der Flugzeugentwicklung. Er erkannte auch, daß der Kampf gegen die Sowjetunion noch lange dauern würde, daß Hitler wiederholt gegen den Rat militärischer Fachleute handelte, und daß Göring als Oberbefehlshaber der Luftwaffe überfordert war. Mölders begann sich große Sorgen um die Zukunft des deutschen Volkes zu machen. Es scheint erlaubt, zu sagen, daß sein früher Tod ihm schwere Gewissenskonflikte erspart hat, die unweigerlich auf ihn zugekommen wären.

Zunächst aber feierte er am 13. September auf Burg Falkenstein im Taunus Hochzeit mit Frau Luise Baldauf, der Witwe eines Freundes, der als Fliegerhauptmann tödlich verunglückt war. Sein Adjutant Hartmann Grasser und sein Rottenflieger Erwin Fleig waren die Trauzeugen.

Die nächsten Wochen vergingen mit Inspektionsreisen zu den Jagdverbänden. Dann übernahm er die taktische Führung der Jagd- und Schlachtflieger auf der Halbinsel Krim als sogenannter Nahkampfführer. Wen nimmt es Wunder, daß die unmittelbare Frontnähe ihn nicht ruhen ließ. Zum Kummer seines Stabes ließ er sich eine Bf 109 klarmachen, wann immer sich die Gelegenheit bot und flog damit Einsätze, meist in Begleitung von Unteroffizier Günther Behling von der III./JG 77. So sind Feindflüge über Sewastopol und der Halbinsel Kertsch für den 8. 11. und 13. 11. 1941 nachgewiesen. Mindestens drei Luftsiege konnte er bei diesen Ausflügen erzielen, die natürlich nicht zur Anerkennung eingereicht werden konnten.

Am 17. 11. 1941 suchte der Generalluftzeugmeister, Generaloberst Ernst Udet, den Freitod. Oberst Mölders erhielt den Befehl, sich zu den Beisetzungsfeierlichkeiten nach Berlin zu begeben. Schlechtes Wetter verhinderte den rechtzeitigen Abflug. Erst am 21. 11. konnten Mölders und sein Adjutant Major Wenzel als Passagiere einer He 111 starten. Diese wurde von Oberleutnant Kolbe gesteuert, einem erfahrenen Kampfflieger des KG 27 „Boelcke“. Über Nikolajew ging der Flug nach Lemberg, wo übernachtet wurde. Am nächsten Vormittag wurde weitergeflogen. Zwischen Lodz (damals Litzmannstadt) und Breslau setzte der linke Motor der He 111 aus. Oberleutnant Kolbe entschloß sich, bis Breslau durchzufliegen, statt auf einem der nächsten Feldflugplätze zu landen. Ob Mölders diesen Entschluß beeinflußt hat, muß eine Vermutung bleiben. Als sich das Flugzeug dem Flughafen Breslau-Gandau näherte, gab der Bordfunker Oberfeldwebel Tenz über Funk durch: „Einmotorenflug. Oberst Mölders an Bord.“ Die auf dem Platz zum Empfang versammelten Menschen hörten das Flugzeug zweimal den Platz überfliegen, da aber trotz strahlenden Sonnenscheins starker Bodennebel herrschte, bekamen sie die Maschine nicht zu Gesicht. Obwohl Gandau und der daneben liegende Platz Schöngarten die Platzbefeuerung eingeschaltet hatten und unentwegt „Grün“ als Signal für die Landeerlaubnis schossen, bekam die He 111 erst beim dritten Anflug Bodensicht. Doch inzwischen hatte sie sehr stark an Höhe verloren, hing über dem kranken Motor und war obendrein auch noch schwanzlastig geworden. Für einen Fallschirmabsprung war es bereits zu spät geworden. Kolbe zog das Flugzeug gerade noch über eine Drahtseilbahn, die einen Ziegeleiteich überspannte. Als gleich darauf die Anlagen der Ziegelei aus dem Nebel auftauchten, versuchte er wohl noch einmal zu ziehen oder wegzukurven, aber in dieser Phase setzte auch noch der rechte Motor aus. Die He 111 stürzte ab und schlug mit der linken Tragfläche auf der Teichböschung auf. Dabei drehte sie sich um 180 Grad und zerbrach in zwei Teile.

Als Helfer die Kanzel aufbrachen, fanden sie den leblosen Körper eines Offiziers mit höchsten Auszeichnungen. Man hob ihn aus dem Sitz, aber er war bereits tot. Oberst Mölders war am Bruch der Wirbelsäule und an Brustkorbquetschung gestorben. Ob er mit dem Leben davon gekommen wäre, wenn er sich angeschnallt hätte, ist eine müßige Spekulation. Der Flugzeugführer Oberleutnant Kolbe war angeschnallt gewesen, aber auch er verschied auf der Fahrt ins Lazarett, ebenso der Bordmechaniker, Oberfeldwebel Hobbie, der in der Wanne gelegen hatte. Der Bordfunker erlitt nur einen Knöchelbruch. Major Wenzel überlebte ebenfalls, wenn auch mit Arm- und Beinbrüchen und einer schweren Gehirnerschütterung.

Am 25. 11. 1941 wurde der Sarg mit den sterblichen Überresten von Werner Mölders in einer eindrucksvollen Trauerparade unter großer Anteilnahme der Bevölkerung durch Breslau geleitet, wobei der Trauerzug auch am Geburtshaus Manfred von Richthofens vorbeizog. Dann erfolgte die Überführung nach Berlin. Hitler ordnete ein Staatsbegräbnis an. Das Jagdgeschwader 51 erhielt in Würdigung der einmaligen Verdienste von Oberst Mölders den Namen „Jagdgeschwader Mölders“, seine Angehörigen durften das gleichnamige Ärmelband tragen.

Am 28. 11. 1941 fand um 11 Uhr im Ehrensaal des Reichsluftfahrtministeriums in Berlin der feierliche Staatsakt statt. Anschließend wurde der Sarg im Trauerzug durch die Stadt zum Invalidenfriedhof überführt. Dort wurde Werner Mölders neben Ernst Udet und Manfred von

Richthofen, den beiden erfolgreichsten Jagdfliegern des Ersten Weltkrieges, beigesetzt. Im Jahre 1975 ließ die Regierung der DDR die Gräber von Mölders, Udet und anderen im Invalidenfriedhof einebnen.

Einem Nachgeborenen wird es schwerfallen, die Empfindungen der Mehrheit der Deutschen anläßlich des Todes von Werner Mölders zu verstehen. Werner Mölders war unzweifelhaft eine der populärsten Erscheinungen der Kriegsjahre, vergleichbar mit ihm waren vielleicht noch Erwin Rommel und der Unterseebootkommandant Günter Prien. In diesen kriegerischen Zeiten verkörperte er das Vorbild des tapferen, ritterlichen, anständigen Soldaten und Offiziers, in der Phantasie überhöht durch die Vorstellung vom kühnen Lufthelden, vom einsamen „Ritter der Lüfte". Als die Nachricht von seinem Tod bekannt wurde, waren viele Menschen wie gelähmt. Jener 22. 11. 1941 ließ in ihnen die Ahnung aufkommen, daß die Zeit der Sondermeldung-Fanfaren zu Ende ging. Der Tod von Werner Mölders löste echte Trauer aus. Eben war die Nachricht vom rätselhaften Tod des populären Ernst Udet über den Äther gekommen – und nun Werner Mölders ...

Nichts kennzeichnet die Faszination, die von seiner Person ausging besser, als die Tatsache, daß schon bald nach seinem Tod die seltsamsten Gerüchte die Runde machten, vom Verschwinden im KZ bis hin zum katholischen Märtyrer. Heute wissen wir, bis zu welchem Grade diese Gerüchte von der Gegenseite gesteuert wurden. Und sie fielen auf fruchtbarem Boden.

In den Vierteljahresheften für Zeitgeschichte, Heft 1, Januar 1968 hat Helmut Witetschek eine Untersuchung über eines dieser Gerüchte um Werner Mölders veröffentlicht, aus der wir auszugsweise zitieren.

„Seit Januar 1942 wurde ein Brief verbreitet, den angeblich Oberst Werner Mölders kurz vor seinem Unfalltod an den katholischen Probst Johst von Stettin geschrieben haben soll. Der Brief enthält ein klares Bekenntnis Mölders' zur katholischen Kirche. Da Mölders, der aus der Katholischen Jugendbewegung kam, als praktizierender Katholik bekannt war, zweifelten weite Kreise der Bevölkerung nicht an der Echtheit des Briefes. Vor allem die kirchlich gebundenen Bevölkerungsgruppen beider Konfessionen schrieben den Brief ab, vervielfältigten und verbreiteten ihn. Viele Geistliche beider christlicher Bekenntnisse in ganz Deutschland haben den Brief von der Kanzel aus beim Gottesdienst verlesen. Die Staatspolizeistelle Nürnberg-Fürth ermittelte beispielsweise im April 1942 allein in ihrem Bereich elf katholische und sieben evangelische Geistliche und neunzehn katholische und sieben evangelische Laien, die den Brief weiterverbreiteten oder beim Gottesdienst verlasen.

Die Gestapo, die die Frage nach der Echtheit des Briefes untersuchte, veranlaßte die Mutter von Werner Mölders zu der Stellungnahme, daß der Brief nicht im Stil ihres Sohnes verfaßt sei und deshalb nicht aus seiner Feder kommen könne. Der amtierende Propst von Stettin, Ernst Daniel, ließ am Sonntag, den 8. 2. 1942 in der Propsteikirche St. Johannes Baptist in Stettin eine Kanzelverkündigung verlesen, in der er deutlich machte, daß es einen Propst Johst in Stettin nie gegeben habe, daß er Mölders nicht persönlich gekannt, nie einen Brief von ihm erhalten und nie ein Schreiben an ihn gerichtet habe. Der katholische Feldbischof, Franz Justus

Rarkowski, ließ eine Bekanntmachung in das Verordnungsblatt des katholischen Feldbischofs aufnehmen, in der die Wehrmachtsgeistlichen darauf hingewiesen wurden, daß der Brief eine grobe Fälschung darstelle.
Die Gestapo schritt gegen die Verbreitung des Briefes ernergisch ein ... Aber gerade der Eifer, mit dem die Polizei- und Verwaltungsbehörden den Brief als Fälschung darstellten, machte weite Kreise der Bevölkerung skeptisch, zumal dem Brief zahlreiche Gerüchte vorausgegangen waren, die durch den Brief bestätigt schienen. Danach habe Mölders aus Protest gegen kirchenfeindliche Maßnahmen des Regimes keine Feindflüge mehr durchgeführt; er sei nicht durch einen Unfall, sondern durch eine Aktion der SS getötet worden, weil er als Katholik der NS-Führung im Wege gewesen sei; er habe den Bischof von Münster aus dem Konzentrationslager geholt; Hitler habe ihn bei einem Empfang wegen seiner konfessionellen Haltung nicht beachtet, so daß er aus überkommener Schwermütigkeit Selbstmord begangen habe ...
Die Verfasserfrage des Briefes konnte erst durch die Autobiographie von Sefton Delmer geklärt werden, der den Mölders-Brief als eine Fälschung des englischen Geheimdienstes auswies ..."
Tatsache aber ist, daß Mölders gut befreundet war mit dem Direktor des katholischen Jugendseelsorgeamtes in Berlin, Pfarrer Erich Klawitter, der als junger Kaplan Religionslehrer von Mölders und seines Schulfreundes, des späteren Erzpriesters Heribert Rosal, gewesen war. Beide Schulfreunde waren Mitglieder der katholischen Neudeutschland-Gruppe in Brandenburg, die Mölders längere Zeit geführt hatte. Erich Klawitter nahm auch die kirchliche Trauung von Mölders vor. Klawitter las nun auf dem katholischen Jugendtag in Stettin einen Brief vor, den Mölders am 6. 10. 1940 an ihn geschrieben hatte. Ohne Zweifel wollte er damit seinen jungen Zuhörern zeigen, wie wertvoll ein christliches Fundament in diesen schweren Zeiten sei. Dieser Brief von Werner Mölders hat folgenden Wortlaut:

im Felde, den 6. 10. 40

Lieber Herr Direktor!

Ganz besonders habe ich mich über Ihre Glückwünsche gefreut . Ich habe sooft an gemeinsame Zeiten gedacht, in denen Sie mit so großem Verständnis in meine Jugendseele wahres ungekünsteltes Christentum legten. Ich habe Gott oft dafür gedankt und weiß, daß ich heute unter seiner Fügung wirke. Von Heribert Rosal bin ich laufend über Ihre Arbeit unterrichtet gewesen und hoffe doch noch bald mal meinen Wunsch, Sie aufzusuchen, wahrmachen zu können. Ich könnte Ihnen dann viel aus meinem Leben erzählen. Ein schnelles erfolgreiches Soldatenleben, welches mir mit dem Feldzug in Spanien, Aufenthalt in Rom und Athen auch Gelegenheit gegeben hat, mich in der Welt umzusehen. Ich habe viel Freude erlebt, ich kann Ihnen heute noch sagen, daß ich der bin, als den Sie mich kennen. Ich werde weiter meine Pflicht tun und danke Ihnen herzlich für Ihr Gebet beim hl. Opfer, auf welches ich fest vertraue.

Ihr dankbarer
Werner Mölders

Dem englischen Geheimdienst war durch Gefangenenaussagen die katholische Haltung von Mölders bekannt, auch kannte man die vielen Gerüchte um seinen Tod. Man nahm die Gelegenheit wahr, die Erregung in der deutschen Bevölkerung zu schüren. Über den Sender „Gustav Siegfried Eins" des englischen Geheimdienstes wurde Heinrich Himmler beschuldigt, Mölders, das „leuchtende Vorbild deutscher Männlichkeit feige ermordet zu haben.“ Sefton Delmer, einer der führenden englischen Geheimdienstler, ließ einen angeblich von Mölders stammenden Brief abfassen. Dieser Brief enthielt über ein klares Bekenntnis zum katholischen Glauben hinaus einige Bemerkungen über den Tod und den Sinn des Krieges, die man durchaus als defaitistisch einstufen kann. Der gefälschte Brief wurde als Flugblatt über Deutschland abgeworfen.

Noch einige Worte zu den Gerüchten um Verbindungen zwischen Werner Mölders und dem Bischof von Münster, Clemens August Graf von Galen. Nach der bisherigen Dokumentenlage gibt es keine Anhaltspunkte, daß Mölders persönlich bei irgendwelchen militärischen oder politischen Persönlichkeiten interveniert habe, um Galen vor möglicher politischer Verfolgung zu bewahren. Richtig ist aber, daß Mölders seine Sympathien für die Predigten Galens, die die kirchenfeindlichen Maßnahmen und die Euthanasie zum Gegenstand hatten, dem Bischof durch eine Mittelsperson zum Ausdruck bringen ließ. Das deckt sich auch mit der Darstellung von Oberst a.D. Johannes Janke, der Mölders gut gekannt hat. Danach sei Mölders in den Fragen, die die Judenverfolgung, die Kirchenfeindlichkeit u.ä. Vorgänge betrafen, nicht mit dem Nationalsozialismus einverstanden gewesen. „Das kam aus seiner Einstellung und Erziehung heraus. Er war ein Offizier alter preußischer Prägung, der diese Einstellung aus dem Elternhaus und aus dem Gymnasium mitbekommen hatte. Für ihn stand das Dienen im Vordergrund, deshalb wurde er auch Soldat. Und dies ließ ihn auch viele Dinge ertragen und innerlich verarbeiten, die nicht in seine Weltanschauung paßten.“ Es ist bewegend, zu spüren, welche Verehrung ihm noch heute von allen, die ihn gekannt haben, nach so vielen Jahren entgegengebracht wird. Da schreibt sein Vetter Fritz von Forell:

„Man spürt in diesem Menschen seine hervorragenden Charaktereigenschaften: den Ernst seiner Lebensauffassung, seine Kameradschaftlichkeit und Güte, seine Hilfsbereitschaft und restlose Hingabe an eine Sache, die er für richtig und gerecht hielt; sein ernstes, aber auch oft so fröhliches Wesen, seinen trockenen Humor, der ihn auch in den schwierigsten Lagen nicht verließ, seine feste Gläubigkeit an Gott, dem er verantwortlich war, und schließlich die absolute Strenge gegen sich selbst. Er war einer jener seltenen Menschen, denen das Wort Pflicht eine selbstverständliche Sache war.“

Günther Rübell, einst junger Offizier in seinem Geschwader schreibt: „Der sehr sensible Werner Mölders hatte das feine Gespür des Truppenführers, in seinem Geschwader die richtigen, ihm und seiner Wesensart entsprechenden Männer in die weiteren Führungsstellen zu holen und gleichzeitig überalterte, „eingesessene“ Kommandeure durch fähige, junge Offiziere zu ersetzen. So formte er mit den von ihm Berufenen das Geschwader über seine eigentliche Führungszeit hinaus zu einem Verband, für den er mit seinen fliegerischen Leistungen und Erfolgen als „Vati Mölders“ die einmalige Persönlichkeit war und blieb. Das Gemeindienliche stand immer im Vordergrund seiner Anordnungen, Befehle und auch der taktischen Weisungen für den Luftkampf, da Werner Mölders eine Vielzahl guter Jagdflieger auf breiter Grundlage heranbilden wollte, statt einzelne

„Asse“ zu züchten. Daher wurden auch hochausgezeichnete Offiziere versetzt, deren persönliches Streben in eigennütziger Weise dem Führungsstil und der Wesensart Werner Mölders entgegenstand.
Dennoch formte er kein Kollektiv, da dergleichen der ursprünglichen Anlage eines Einzelkämpfers, wie es Jagdflieger sind, widersprach. Doch das geistige Band unabdingbarer Pflichterfüllung in lebendiger Kameradschaft schloß diese Individualisten unter seiner Führung zu einer Gemeinschaft zusammen, die in ihrer Grundeinstellung: „Einer für alle – alle für einen“ Bestand hatte.
Vor vereinzelten Fehlentscheidungen war natürlich auch Werner Mölders in der Beurteilung und Einschätzung des einen oder anderen nicht gefeit – wer ist schon vollkommen? Er hat das selbst nicht nur nicht ausgeschlossen, sondern sich später auch dazu geäußert und bekannt. Sein Streben nach Wahrhaftigkeit – auch gegen sich selbst – fand hierin seinen klaren Ausdruck, und so stand er einer sachlichen Kritik stets aufgeschlossen gegenüber, ja, sie veranlaßte ihn zu weiteren, aufbauenden Maßnahmen, die in seiner vorausschauenden, letzten Denkschrift richtungweisend in die Zukunft planten. Das war ihm gemäß, da er jeden beifallheischenden Opportunismus ablehnte. Gerade dieser Wesenszug gab ihm sein großes Durchsetzungsvermögen seiner Vorstellungen in der Luftwaffenführung. Man hörte auf ihn. Und so traf sein früher Tod nicht nur sein Geschwader und die Jagdfliegerei, sondern die Luftwaffe insgesamt besonders schmerzlich. An anderer Stelle zitiert Günther Rübell Aussagen von Hartmann Grasser, des Adjutanten von Mölders:
„Hartmann hat später zu mancher Stunde von der großen Umsicht in der taktischen Fluganlage seines Lehrmeisters bewundernd gesprochen. Immer wieder war er verblüfft über die Früherkennung von Flugzeugen in der Luft durch Werner Mölders, der sich dadurch im Jagdkampf – ohne selbst entdeckt und gesehen zu werden – die beste Ausgangsstellung aus der Überhöhung mit der Sonne im Rücken erflog, um so in überraschendem Angriff auf den Gegner herabzustürzen und ihn mit einem gezielten, kurzen Feuerstoß abzuschießen. Nach jedem Einsatz folgte dann im Gespräch eine Nachzeichnung der Flugroute mit den Flugbewegungen, um eventuelle Fehler festzustellen, die infolge der genauen Nachbesprechung späterhin vermieden werden konnten. So war Hartmann Grasser durch Monate hindurch täglich mit Werner Mölders am Boden wie in der Luft zusammen und wurde in vielen persönlichen Gesprächen – weit über den kriegerischen Kampfeinsatz hinaus – zum Vertrauten des Kommodore, der ihn väterlich „Kleiner“ nannte und so der freundschaftlichen Beziehung Ausdruck verlieh.“
Es gäbe noch vieles zu sagen über den Menschen Werner Mölders. Typisch für ihn war seine Reaktion, als er beobachtete, wie einer seiner Offiziere während der Luftschlacht über England einen Eisenbahnzug mit den Bordwaffen beschoß. Mölders befahl den Offizier zu sich und klärte ihn erregt über den Unterschied zwischen militärischen und zivilen Zielen auf. Und Johannes Janke erzählt:
„Mölders hatte stets ein offenes Ohr für die Sorgen und Nöte seiner Untergebenen. Man konnte jederzeit, das Vorzimmer übergehend, mit seinen Sorgen zu ihm kommen. – Ja sogar

dann, wenn höhere Vorgesetzte bei Mölders standen. „Herr Major? ich habe eine Frage!“ Er versprach nicht nur zu helfen, sondern er tat es dann auch wirklich.“

Es war angesichts all dieser Aussagen fast eine Selbstverständlichkeit, daß die Bundeswehr auf ihrer Suche nach Leitbildern aus der deutschen militärischen Geschichte auf Werner Mölders zurückgriff. Wer seine Gedanken zu dem Thema „Befehl und Gehorsam“ liest, die man aus damaliger Sicht geradezu als revolutionär bezeichnen könnte, wird diese Wahl verstehen:

„... Autorität darf nicht auf Gewalt beruhen. Sie ist eine Angelegenheit der sittlichen und geistigen Überlegenheit des Vorgesetzten. Der Stolz auf die eigene Untadeligkeit muß im Soldaten das Gefühl der notwendigen Unterordnung überstrahlen ...

Es ist einfach zu sagen: Ihr habt blind jedem Befehl zu gehorchen und nicht zu fragen. Hinter dem Befehl steht die Macht Eurer Vorgesetzten, die jeden Ungehorsam brechen werden. Diese Einstellung verkörpert den Militaristen.

Ein guter Vorgesetzter dagegen wird seine Soldaten so belehren: Ohne Gehorsam kann keine Truppe bestehen. Eure Vorgesetzten können Euch zum Gehorsam zwingen, aber ich möchte, daß Ihr Euch freiwillig unterordnet, aus Überzeugung, daß es so sein muß. Denn Gehorsam ist freiwillige Disziplin. Aus Achtung vor Eurer Uniform und aus Achtung vor Euch selbst sollt Ihr gehorchen ...

Der Parademarsch mit seinen Auswüchsen übertriebener Strammheit ist öder Kommiß und verwerflich. Wir brauchen selbstgewählte Ordnung, aber keine Spindschnüffelei. Wir wollen auf der Straße tadellos erzogene Soldaten sehen, aber keine Hacken zusammenknallende Drahtfiguren. Die Grußpflicht ist selbstverständlich, wie ja auch unter Zivilisten. Aber der Vorgesetzte soll den Gruß wirklich verdienen. Und ohne Tjawoll und Gliederverrenken. Der Ausgang in Zivil ist keine Gefährdung der Disziplin. Warum soll der Soldat nicht auch das Vergnügen haben, ausgehen zu können ohne Gefahr zu laufen, mit der Hand an der Mütze durch die Straßen ziehen zu müssen? Warum soll auch ein Diebstahl oder sonst ein Vergehen, von einem Soldaten begangen, schlimmer sein, als das eines Zivilisten? Und braucht der Soldat wirklich ein besonderes Beschwerderecht, und muß die Anrede in der dritten Person sein? Etwa, um Vorgesetzten die nötige Achtung zu sichern? Im Zivilleben kennt man diese Anrede auch nicht, aber wer sich Achtung verdient, der verdient sie auch!

Der Mensch soll in Uniform immer zuerst Mensch bleiben! Der Drill der Truppe ist militärisch notwendig. Er wird aber zum Übel, wenn er Selbstzweck wird.

Wenn ein Idiot von Ausbilder mich auf einen Baum jagt und mich rufen läßt: „Ich bin das dümmste Luder der ganzen Armee“, dann ist das teuflischer Sadismus, hat mit Soldatentum nichts zu tun – ist Militarismus. Ich habe solche Auswüchse nie geduldet. Und sind meine Leute etwa schlechte Soldaten?

Ordnung und Strafe müssen sein. Wir kommen um sie bei keiner Gemeinschaft herum. Aber Ordnung muß auf freiwilliger Disziplin beruhen. Und aus der Einsicht. Die läßt sich anerziehen. Disziplin ist freiwillige Unterordnung aus der Einsicht in das Notwendige ...“.

Mölders liegt hier mit seinen Worten ganz auf der Linie des großen Philosophen Kant, der gesagt hat:

„Das Vermögen, die Beweggründe des Wollens selbst hervorzubringen, das ist die Freiheit."

Am 13. 4. 1968 lief der Lenkwaffenzerstörer D 186 der Bundesmarine in Bath/Maine (USA) vom Stapel und wurde auf den Namen „Mölders" getauft.

Am 9. 11. 1972 wurde der Name „Mölders" an die Kaserne der II. Abteilung des Fernmelde-Regiments 34 der Bundesluftwaffe in Visselhövede verliehen.

Am 32. Todestage von Werner Mölders, am 22. 11. 1973, wurde dem Jagdgeschwader 74 der Bundesluftwaffe in Neuburg/Donau der Name „Mölders" verliehen. Damit ist Mölders mit seinem Namen in den zwei Bundeswehrteilen, Marine und Luftwaffe, vertreten. *Die Bundeswehr darf stolz darauf sein, das Andenken an diesen Mann wachhalten zu dürfen,* der in der Erfüllung seiner soldatischen Pflicht der echten preußisch-deutschen Tradition verhaftet blieb, dabei aber als Truppenführer mit vielen seiner Verhaltensweisen und Entscheidungen erstarrte Formen zu lockern versuchte und oft genug Mut auch vor Fürstenthronen bewies.

Zeittafel aus dem Leben von Werner Mölders

Geboren am *18. März 1913* in Gelsenkirchen/Westfalen, als Sohn des Studienrats Viktor Mölders und dessen Ehefrau Annemarie Mölders, geb. Riedel. Studienrat Viktor Mölders ist am 2. 3. 1915 als Leutnant der Reserve in einem Inf. Rgt. in den Argonnen (Frankreich) gefallen.

1919–1931
Besuch der Volksschule und des „Saldria-Gymnasiums“ in Brandenburg/Havel; Abschluß mit Abitur. Bereits als Schüler ein ausgezeichneter Sportler mit Vorliebe für den Rudersport, viel Liebe zur Natur und zur Jägerei.

1. 4. 1931
Eintritt als Offiziersanwärter in das 100000-Mann-Heer der Reichswehr, II./Inf. Rgt. 2 in Allenstein/Ostpreußen.

1. 10. 1931
Beförderung zum Fahnenjunker-Gefreiten.

1. 4. 1932
Beförderung zum Fahnenjunker-Unteroffizier.

Oktober 1932
Teilnahme am Fähnrichs-Lehrgang der Reichswehr an der Kriegsschule in Dresden.

1. 6. 1933
Ende des Lehrgangs und Beförderung zum Fähnrich.

11. 6. 1933
Versetzung zum 1. (Preußischen) Pionier-Bataillon (Inf. Regt. 2) an die Pionierschule in München.

1. 2. 1934
Beförderung zum Oberfähnrich

6. 2. 1934
bis 31. Dezember 1934 Ausbildung zum Flugzeugführer an der Deutschen Verkehrsfliegerschule in Cottbus (Mark Brandenburg).

1. 3. 1934
Beförderung zum Leutnant.

1. 1. 1935
bis 30. Juni 1935 als Flugzeugführer weitere Ausbildung an der Kampffliegerschule Tutow. Zwischenzeitlich auch bei der Jagdfliegerschule Schleißheim Absolvierung einer Ausbildung als Jagdflieger.

1. 3. 1935
Aufhebung der Tarnbestimmungen für den dritten Wehrmachtsteil, die Luftwaffe und offizielle Übernahme als Leutnant in die neue deutsche Luftwaffe.

21. 5. 1935
Verleihung des Flugzeugführerabzeichens der Luftwaffe.

1. 7. 1935
bis 31. März 1936 bei der „Fliegergruppe Schwerin“ (I./162) „Immelmann“.

7. 3. 1936
Einsatz mit seiner Staffel bei der Besetzung des entmilitarisierten Rheinlandes. Als erste Einheit in Düsseldorf gelandet.

1. 4. 1936
bis 14. März 1937 Führer der Jagschulstaffel der II. Gruppe/Jagdgeschwader 134 „Horst Wessel“ in Werl/Westfalen.

20. 4. 1936
mit Wirkung vom 1. April 1936 zum Oberleutnant befördert.

15. 3. 1937
bis 13. April 1938 Staffelkapitän der 1. Staffel in der I./JG 334 in Wiesbaden (später umbenannt in I./JG 133 und I./JG 53 „Pik As“).

★

14. 4. 1938
bis 5. Dezember 1938 Kommandierung zur 3./J 88 der „Legion Condor“, während des Bürgerkrieges in Spanien („Übung Rügen“). Einsatz an der Valencia-Ebro-Front.

24. 5. 1938
Übernahme der Staffel (3./J 88) als Staffelkapitän von seinem Vorgänger Oberleutnant Galland, der in die Heimat zurückkehrte.

15. 7. 1938
Erster Luftsieg von Mölders in Spanien. Abschuß einer Curtiss in der Gegend von Algar.

18. 10. 1938
mit Wirkung vom 1. 10. 1938 wegen hervorragender Leistungen als Vorgesetzter und Jagdflieger zum Hauptmann befördert. Seine Soldaten nennen ihn „Vati Mölders“!

3. 11. 1938
in der Gegend von Mola Abschuß einer „Rata“. Es war sein 14. und letzter Luftsieg in Spanien.

5. 12. 1938
Rückkehr nach Deutschland. Mit 14 anerkann-

ten Luftsiegen ist Mölders der erfolgreichste Jagdflieger der „Legion Condor".

6. 12. 1938
bis März 1939 Stabsarbeit beim Inspekteur der Jagdflieger im Reichsluftfahrtministerium in Berlin. (Bearbeitung der neuen Jagdfliegervorschrift) Offiziell jedoch bereits seit 6. 12. 1938 Angehöriger der I./JG 133.

März 1939
bis 1. Oktober 1939 Staffelkapitän der 1. Staffel in der I./JG 133 (später umbenannt in I./JG 53 „Pik As").

4. 5. 1939
Verleihung der spanischen Auszeichnung „Medalla Militar" und „Medalla de la Campaña".

6. 6. 1939
Verleihung des Deutschen Spanien-Kreuzes in Gold mit Schwertern und Brillanten. Am gleichen Tag Teilnehmer beim großen Empfang aller hochdekorierten Angehörigen der „Legion Condor" in der Neuen Reichskanzlei in Berlin.

★

20. 9. 1939
Erster Luftsieg Mölders im Zweiten Weltkrieg. (In seinem Flugbuch irrtümlich unter dem 21. 9. 1939 eingetragen!) Abschuß eines französischen Jagdflugzeuges, Typ Curtiss, bei Sierck. Verleihung des Eisernen Kreuzes 2. Klasse.

1. 10. 1939
bis 5. 6. 1940 Kommandeur der III. Gruppe des JG 53 „Pik As" (Aufstellung und Übernahme der Gruppe in Wiesbaden-Erbenheim).

2. 4. 1940
7. Luftsieg (eine Hurricane). Verleihung des Eisernen Kreuzes 1. Klasse.

10. 5. 1940
Feldzug gegen Frankreich. Erste Großeinsätze der deutschen Luftwaffe gegen westalliierte Luftstreitkräfte.

27. 5. 1940
19. und 20. Luftsieg als erster deutscher Jagdflieger im 2. Weltkreig.

29. 5. 1940
Verleihung des Ritterkreuzes zum Eisernen Kreuz. Mölders wird als erster deutscher Jagdflieger damit ausgezeichnet. Erstmals Nennung im Wehrmachtbericht (OKW-Bericht).

5. 6. 1940
Mölders erringt am Vormittag im Raum Beauvais-Compiègne seinen 24. und 25. Luftsieg. Etwa um 18.40 Uhr des gleichen Tages wird er bei seinem 133. Feindflug im Raum Compiègne im Luftkampf mit französischen Jagdmaschinen Dewoitine 520 von Leutnant Pomier-Layragues abgeschossen und gerät nach Fallschirmabsprung in französische Gefangenschaft.

30. 6. 1940
Rückkehr aus der Gefangenschaft.

★

1. 7. 1940
bis 19. Juli 1940 offiziell Angehöriger der Ergänzungs-Jagdgruppe Merseburg.

19.7.1940
Vorzugsweise Beförderung zum Major
20.7.1940
bis 19. Juli 1941 Kommodore des JG 51. Mit seinem Geschwader vom 20. 7. 1940–15. 6. 1941 Einsätze an der Kanalfront und vom 22. 6. 1941–19. 7. 1941 Einsatz in Rußland.

28.7.1940
Erster Einsatz am Kanal bzw. über England. Nach Abschuß einer Spitfire über Dover, von sechs Spitfire gejagt, gerade noch mit Notlandung und durch Einschußsplitter am Bein verwundet zurückgekehrt.

August 1940
Verleihung des Gemeinsamen Flugzeugführer- und Beobachter-Abzeichens in Gold mit Brillanten, das nur in wenigen, besonderen Fällen verliehen worden ist.

18. 9. 1940
500. Abschuß des JG 51 durch Erwin Fleig.

20.9.1940
bei Dungeness Abschuß von zwei Spitfire der 92. Sqn. und damit den 39. und 40. Luftsieg. Erster Jagdflieger im 2. Weltkrieg, der diese Abschußzahl erreicht hat.

21.9.1940
Verleihung des Eichenlaubs zum Ritterkreuz des Eisernen Kreuzes als zweiter Soldat der Wehrmacht (nach General Dietl).

23.9.1940
Überreichung des „Eichenlaubs“ durch Hitler in der Reichskanzlei in Berlin.

22.10.1940
im Luftkampf zwischen sechs Bf 109 und 15 Hurricane der 74. und 605. Sqn. NW Maidstone erzielt Mölders drei Abschüsse (Nr. 49–51). Damit erreicht er, wiederum als erster deutscher Jagdflieger im 2. Weltkrieg, den 50. Luftsieg.

25.10.1940
anläßlich seines 50. Luftsieges wegen besonderer Tapferkeit und seiner großen Verdienste um die Schlagkraft der deutschen Jagdfliegerei bevorzugt zum Oberstleutnant befördert.

26.2.1941
60. Luftsieg erzielt. Abschuß einer Spitfire um 18,37 Uhr SO Dungeness in 6500 m Höhe.

20.5.1941
Ende der Einsatzzeit im Westen, bzw. am Kanal. Insgesamt 238 Feindflüge (309 mit Frontüberwachung, Aufklärung, Jagdvorstößen usw.), dabei 68 Luftsiege erzielt (16 Franzosen, 52 Engländer).

★

22.6.1941
Vier Abschüsse am ersten Tag des Rußlandfeldzuges (69. mit 72. Luftsieg). Am gleichen Tag Verleihung des Eichenlaubs mit Schwertern zum Ritterkreuz des Eisernen Kreuzes als zweiter Soldat der Wehrmacht.

3.7.1941
Überreichung der Auszeichung im Führerhauptquartier „Wolfschanze“ durch Hitler.

12. 7. 1941
Seit Beginn der Kampfhandlungen im Osten schoß das JG 51 unter Führung Mölders bis zum 12. Juli 500 Sowjetflugzeuge bei nur drei eigenen Verlusten ab. Das Geschwader hat damit am 12. Juli insgesamt den 1200. Luftsieg erkämpft.

15. 7. 1941
Mölders erzielt an diesem Tag seinen 100. und 101. Luftsieg! Er ist damit der erste Jagdflieger der Welt, der diese Abschußzahl erreicht. Zusammen mit den 14 Luftsiegen aus Spanien hat er damit insgesamt 115 Luftsiege errungen. Als erster Soldat der Wehrmacht wird Mölders mit dem Eichenlaub mit Schwertern und Brillanten zum Ritterkreuz des Eisernen Kreuzes ausgezeichnet (höchste deutsche Auszeichung bis zum 29. 12. 1944).

20. 7. 1941
mit sofortiger Wirkung zum Oberst befördert (28 Jahre alt!). Gleichzeitig Feindflugverbot und Versetzung zum Reichsluftfahrtministerium (RLM) in Berlin bis zum 6. 8. 1941.

26. 7. 1941
Hitler empfängt Mölders in seinem Hauptquartier „Wolfschanze" (einige Kilometer östlich von Rastenburg in Ostpreußen) und überreicht ihm die „Brillanten".

7. 8. 1941
Ernennung zum „Inspekteur der Jagdflieger". Auf Inspektionsreisen zu Jagdgeschwadern hat er an der Ostfront trotz Flugverbot weiter Einsätze geflogen und eine unbekannte Zahl von Abschüssen erzielt.

13. 9. 1941
Hochzeit auf Burg Falkenstein im Taunus mit Frau Luise Baldauf, geb. Thurner.

17. 11. 1941
Freitod des Generalluftzeugmeisters, Generaloberst Ernst Udet, in Berlin.

22. 11. 1941
Tödlicher Absturz mit einem zweimotorigen Kurierflugzeug Heinkel He 111 des Kampfgeschwaders 27 „Boelcke", bei Breslau-Schöngarten, auf dem Flug von Cherson (Ukraine) nach Berlin zur Beisetzung Udets. Mit Mölders finden Oberleutnant Kolbe, Flugzeugführer, und Oberfeldwebel Hobbie, Bordmechaniker, den Tod.
Das Jagdgeschwader 51 erhält in Würdigung der einmaligen Verdienste von Oberst Mölders seinen Namen. Zugleich wurde ein Staatsbegräbnis angeordnet.

28. 11. 1941
Um 11.00 Uhr feierlicher Staatsakt im Ehrensaal des Reichsluftfahrtministeriums in Berlin. Anschliessend Trauerzug durch die Stadt zum Invalidenfriedhof, wo Mölders neben Udet und Manfred Frhr. von Richthofen, den erfolgreichsten Jagdfliegern des 1. Weltkrieges, beigesetzt wurde.

★

13. 4. 1968
Stapellauf und Taufe des Lenkwaffenzerstörers D 186 der Bundesmarine auf den Namen „Mölders" in Bath/Maine (USA).

9. 11. 1972
Verleihung des Namens „Mölders“ an die Kaserne der II. Abteilung des Fernmelde-Regiments 34 der Bundesluftwaffe in Visselhövede (Lüneburger Heide).

22. 11. 1973
Am 32. Todestag von Werner Mölders Verleihung des Namens „Mölders“ an das Jagdgeschwader 74 der Bundesluftwaffe in Neuburg/Donau. Damit ist Mölders der einzige Soldat in der Geschichte der deutschen Armee, der mit seinem Namen bei den Teilstreitkräften Marine und Luftwaffe der Bundeswehr vertreten ist!

1975
Die DDR läßt alle Gräber im Invalidenfriedhof, dem Kleinod preußisch-deutscher Geschichte in Ost-Berlin, somit auch Mölders' Grab, einebnen.

Nennung

von Werner Mölders und seines Geschwaders im Wehrmachtbericht (OKW-Bericht), in Sondermeldungen und besonderen Pressemeldungen

29. 5. 1940
OKW-Bericht: Die Verluste des Gegners in der Luft betrugen am 28. Mai insgesamt 24 Flugzeuge, davon wurden im Luftkampf 16 durch Flak acht abgeschossen. Drei deutsche Flugzeuge werden vermißt. Hauptmann Mölders errang seinen 20. Luftsieg.

6. 9. 1940
OKW-Bericht: Außer vier bereits genannten Offizieren haben in den Luftkämpfen der letzten Wochen drei weitere Jagdflieger 20 und mehr Luftsiege errungen, und zwar: Hauptmann Mayer, Hauptmann Oesau und Hauptmann Tietzen. An der Spitze der Sieger in Luftkämpfen steht Major Mölders mit 32 Abschüssen.

23. 9. 1940
OKW-Bericht: Das Jagdgeschwader des Majors Mölders hat bisher über 500 Luftsiege errungen.

25. 9. 1940
OKW-Bericht: Major Mölders und Major Galland errangen ihren 40. Luftsieg.

23. 10. 1940
OKW-Bericht: Major Mölders schoß, wie schon bekanntgegeben, in einem Luftkampf gegen zahlenmäßig überlegene feindliche Jäger seinen 49., 50. und 51. Gegner ab.

26. 10. 1940
OKW-Bericht: Im Laufe der gestrigen Luftkämpfe schossen unsere Jagdflugzeuge 17 feindliche Jäger ab. Dabei errang Oberstleutnant Mölders seinen 52. und 53. Luftsieg. Neun eigene Flugzeuge werden vermißt.

11. 2. 1941
OKW-Bericht: Die Gesamtverluste des Feindes betrugen demnach gestern und in der vergangenen Nacht insgesamt 33 Flugzeuge. Zwei eigene Flugzeuge werden vermißt. Oberstleutnant Mölders errang seinen 56. Luftsieg.

27. 2. 1941
OKW-Bericht: In der Zeit vom 23. bis 26. Februar vernichtete die deutsche Luftwaffe 33 feindliche Flugzeuge, davon 18 in Luftkämpfen und drei durch Flakartillerie, der Rest wurde am Boden zerstört. Während der gleichen Zeit gingen zehn eigene Flugzeuge verloren. Oberstleutnant Mölders errang seinen 60. Luftsieg.

18. 4. 1941
OKW-Bericht: Oberstleutnant Mölders errang am 16. 4. seinen 64. und 65., Oberstleutnant Galland am 15. 4. seinen 59. und 60. Luftsieg.

23. 6. 1941
OKW-Bericht: Oberstleutnant Mölders errang am gestrigen Tage seinen 72. Luftsieg.

24. 6. 1941
OKW-Bericht: Das Jagdgeschwader unter Führung von Oberstleutnant Mölders errang am 22. 6. seinen 750. Luftsieg.

1. 7. 1941
OKW-Bericht: In den siegreichen Luftschlachten im Osten errang das Jagdgeschwader unter Führung von Oberstleutnant Mölders 110 Abschüsse, das Jagdgeschwader unter Führung von Major Trautloft 65 Abschüsse. Oberstleutnant Mölders erzielte seinen 82., Hauptmann Joppien seinen 52. Luftsieg.

16. 7. 1941
Sondermeldung: Bei den Kämpfen an der Ostfront schoß Oberstleutnant Mölders, Kommodore eines Jagdgeschwaders, gestern fünf Sowjetflugzeuge ab. Er hat damit in diesem Krieg insgesamt 101 Abschüsse erzielt und einschließlich seiner 14 Abschüsse im Spanienfeldzug 115 Luftsiege errungen. Der Führer und Oberste Befehlshaber der Wehrmacht hat diesem heldenhaften Vorbild der Luftwaffe und erfolgreichsten Jagdflieger der Welt als erstem Offizier der deutschen Wehrmacht die höchste deutsche Tapferkeitsauszeichnung, das Eichenlaub mit Schwertern und Brillanten zum Ritterkreuz des Eisernen Kreuzes verliehen.

16. 7. 1941
OKW-Bericht: Wie bereits durch Sondermeldung bekanntgegeben, schoß Oberstleutnant Mölders, Kommodore eines Jagdgeschwaders, gestern fünf weitere Sowjetflugzeuge ab und errang damit in diesem Kriege seinen 101. Luftsieg.

17. 7. 1941
Pressemeldung: Das Jagdgeschwader Mölders schoß seit Beginn der Kampfhandlungen im Osten bis zum 12. Juli 500 Sowjetflugzeuge bei nur drei eigenen Verlusten ab. Das Geschwader hat damit am 12. Juli insgesamt den 1200. Luftsieg erkämpft.

12. 9. 1941
Pressemeldung: Das Jagdgeschwader Mölders errang am 8. September seinen 2000. Abschuß. Den 2001. Luftsieg des Geschwaders konnte Major Beckh durch Abschuß eines sowjetischen Jägers erringen. Bis zum 10. September wurden

vom Jagdgeschwader Mölders insgesamt 2033 feindliche Flugzeuge abgeschossen, davon im Osten 1357. Ferner wurden 188 Flugzeuge durch Bordwaffen am Boden vernichtet und 110 Flugzeuge durch Bomben am Boden zerstört bzw. beschädigt. 142 Panzerkampfwagen, 16 Geschütze, 34 Lokomotiven, 432 LKW, 75 Fahrzeuge aller Art und ein Panzerzug wurden vernichtet. Dem Jagdgeschwader gehören 16 Ritterkreuzträger an!

22. 11. 1941
Sondermeldung: Ein hartes Geschick hat es gefügt, daß die deutsche Luftwaffe wenige Tage nach dem Heimgang des Fliegerhelden aus dem Weltkrieg, Generaloberst Udet, nun auch den Kühnsten und Besten aus den Reihen ihrer jungen Jagdflieger verlor: der Inspekteur der Jagdflieger, Oberst Werner Mölders, ist am 22. November auf einem Dienstflug mit einem Kurierflugzeug, das er selbst nicht steuerte, bei Breslau tödlich abgestürzt. Vom Feinde unbesiegt fand der Sieger in 115 Luftkämpfen auf so tragische Weise den Fliegertod.
Die Leistungen und Erfolge dieses von glühendem Kampfgeist beseelten, erst 28jährigen Offizier sind ohne Beispiel.
Am 15. Juli 1941 verlieh der Führer und Oberste Befehlshaber der Wehrmacht dem Kommodore Oberst Mölders nach seinem 101. Luftsieg im Freiheitskampf des deutschen Volkes die höchste Tapferkeitsauszeichnung: das Eichenlaub mit Schwertern und Brillanten zum Ritterkreuz des Eisernen Kreuzes.
In Würdigung der einmaligen Verdienste des Obersten Mölders hat der Führer und Oberste Befehlshaber der Wehrmacht verfügt, daß das bisher von Mölders zu so gewaltigen Siegen geführte Jagdgeschwader in Zukunft seinen Namen trägt. Zugleich hat der Führer für Oberst Mölders ein Staatsbegräbnis angeordnet.

7. 4. 1942
OKW-Bericht: Das Jagdgeschwader „Mölders“ errang am gestrigen Tage den 3000. Luftsieg.

2. 8. 1942
OKW-Bericht: Bei den heftigen Luftkämpfen, die sich gestern im mittleren Frontabschnitt entwickelten, schoß das Jagdgeschwader „Mölders“ trotz ungünstiger Wetterbedingungen 25 sowjetische Flugzeuge ab.

12. 7. 1943
Pressemeldung: Am 10. Juli meldete das von Oberstleutnant Nordmann geführte Jagdgeschwader „Mölders“ den 5500. Abschuß, nachdem die Angehörigen dieses Geschwaders am 2. Juni das 5000. feindliche Flugzeug abgeschossen hatten.

29. 7. 1943
Pressemeldung: Das von Eichenlaubträger Oberstleutnant Nordmann geführte Jagdgeschwader „Mölders“ erzielte in diesen Tagen an der Ostfront seinen 6000. Abschuß.

16. 9. 1943
OKW-Bericht: das Jagdgeschwader „Mölders“ erzielte am 15. September den 7000. Flugzeugabschuß.

4. 5. 1944
OKW-Bericht: Das unter Führung von Oberstleutnant Nordmann stehende Jagdgeschwader „Mölders“ meldete seinen 8000. Luftsieg.

Liste der von Werner Mölders erzielten Luftsiege

lfd. Nr.	*Datum*	*Typ*	*Ort*
Spanien:			
1	15. 7. 1938	Curtiss	in Gegend Algar
2	17. 7. 1938	Curtiss	in Gegend nördl. Liria
3	19. 7. 1938	Rata	in Gegend westl. Villar del Arzobispo
4	19. 8. 1938	Rata	in Gegend Flix
5	23. 8. 1938	SB–2	in Gegend Albi
6	9. 9. 1938	Rata	in Gegend Raum über Flix
7	13. 9. 1938	Rata	in Gegend Raum über Flix
8	23. 9. 1938	Rata	in Gegend südostwärts Ginestar
–	23. 9. 1938	Rata	Abschuß wurde nicht bestätigt!
9	10. 10. 1938	Rata	in Gegend nordostwärts Flix
10	15. 10. 1938	Rata	in Gegend westl. La Figuera
11	15. 10. 1938	Rata	in Gegend Sierra de Montsant
12	31. 10. 1938	Rata	in Gegend nordwestl. Flix
13	31. 10. 1938	Rata	in Gegend südl. Ribarroja
14	3. 11. 1938	Rata	in Gegend Mola

lfd. Nr.	*Datum*	*Typ*	*Ort*
Westfront:			
1	20. 9. 1939	Curtiss	bei Sierck
2	30. 10. 1939	Blenheim	bei Klüsserath/Mosel
3	22. 12. 1939	Hurricane	15 km NO Metz
4	2. 3. 1940	Hurricane	bei Völklingen
5	3. 3. 1940	Morane	bei Metz
6	26. 3. 1940	Morane	bei Diedenhofen
7	2. 4. 1940	Hurricane	S Saargemünd
8	20. 4. 1940	Curtiss	S Niedergailbach
9	23. 4. 1940	Hurricane	S Diedenhofen
10	14. 5. 1940	Hurricane	Raum Sedan-Charleville
11	15. 5. 1940	Hurricane	Raum Sedan
12	19. 5. 1940	Curtiss	NO Reims
13	20. 5. 1940	Wellesley	bei Compiègne
14	21. 5. 1940	Morane	
15	21. 5. 1940	Morane	
16	21. 5. 1940	Morane	
17	22. 5. 1940	Potez 63	SW Flugpl. Mourmelon
18	25. 5. 1940	Morane	Wald Villers Cotterets
19	27. 5. 1940	Curtiss	15 km SW Amiens
20	27. 5. 1940	Curtiss	15 km SW Amiens
21	31. 5. 1940	LeO 45	Raum Abbéville-Amiens
22	3. 6. 1940	Spitfire	über Paris
23	3. 6. 1940	Curtiss	über Paris

lfd. Nr.	Datum	Typ	Ort
24	5. 6. 1940	Bloch	Raum Beauvais-Compiègne
25	5. 6. 1940	Potez 63	Raum Beauvais-Compiègne

Kanalfront:

lfd. Nr.	Datum	Typ	Ort
26	28. 7. 1940	Spitfire	über Dover
27	26. 8. 1940	Spitfire	Folkestone
28	28. 8. 1940	Curtiss	NO Dover
29	28. 8. 1940	Hurricane	Canterbury
30	31. 8. 1940	Hurricane	zwischen Folkestone und Dover
31	31. 8. 1940	Hurricane	zwischen Folkestone und Dover
32	31. 8. 1940	Hurricane	zwischen Folkestone und Dover
33	6. 9. 1940	Spitfire	bei Folkestone
34	7. 9. 1940	Spitfire	bei London
35	9. 9. 1940	Spitfire	bei London
36	11. 9. 1940	Hurricane	SO London
37	14. 9. 1940	Spitfire	SW London
38	16. 9. 1940	Hurricane	S London
39	20. 9. 1940	Spitfire	bei Dungeness
40	20. 9. 1940	Spitfire	bei Dungeness
41	27. 9. 1940	Spitfire	bei Maidstone
42	28. 9. 1940	Spitfire	bei Littlestone
43	11. 10. 1940	Spitfire	bei Folkestone
44	12. 10. 1940	Hurricane	zwischen Lympne und Canterbury
45	12. 10. 1940	Hurricane	zwischen Lympne und Canterbury
46	12. 10. 1940	Hurricane	bei Dungeness
47	15. 10. 1940	Hurricane	bei Kenley
48	17. 10. 1940	Spitfire	bei London
49	22. 10. 1940	Hurricane	NW Maidstone
50	22. 10. 1940	Hurricane	NW Maidstone
51	22. 10. 1940	Hurricane	NW Maidstone
52	25. 10. 1940	Spitfire	NW Dover
53	25. 10. 1940	Spitfire	bei Margate
54	29. 10. 1940	Hurricane	bei Dungeness
55	1. 12. 1940	Hurricane	bei Ashford
56	10. 2. 1941	Hurricane	5 km NNO Calais
57	20. 2. 1941	Spitfire	bei Dover
58	20. 2. 1941	Spitfire	bei Dover
59	25. 2. 1941	Spitfire	N Gravelines
60	26. 2. 1941	Spitfire	SO Dungeness
61	12. 3. 1941	Spitfire	bei Dungeness
62	13. 3. 1941	Spitfire	SW Boulogne
63	15. 4. 1941	Spitfire	bei Boulogne
64	16. 4. 1941	Hurricane	SW Dungeness
65	16. 4. 1941	Spitfire	W Berck
66	4. 5. 1941	Hurricane	O Deal
67	6. 5. 1941	Hurricane	bei Dover
68	8. 5. 1941	Spitfire	vor Dover ins Wasser

Ostfront:

lfd. Nr.	Datum	Typ	Ort
69	22. 6. 1941	Curtiss	
70	22. 6. 1941	SB-2	
71	22. 6. 1941	SB-2	
72	22. 6. 1941	SB-2	
73	24. 6. 1941	SB-2	
74	25. 6. 1941	SB-2	
75	25. 6. 1941	SB-2	
76	29. 6. 1941	Pe-2	
77	29. 6. 1941	I-16	
78	30. 6. 1941		
79	30. 6. 1941		
80	30. 6. 1941		
81	30. 6. 1941		
82	30. 6. 1941		
83	5. 7. 1941	SB-2	
84	5. 7. 1941	SB-2	
85	5. 7. 1941	I-18	
86	5. 7. 1941	I-18	
87	9. 7. 1941	Curtiss	
88	9. 7. 1941	Curtiss	
89	9. 7. 1941	I-16	
90	10. 7. 1941	RZ	
91	10. 7. 1941	RZ	
92	11. 7. 1941		
93	11. 7. 1941		
94	12. 7. 1941		
95	13. 7. 1941		
96	13. 7. 1941		
97	14. 7. 1941	Pe-2	
98	14. 7. 1941	Pe-2	
99	14. 7. 1941	Pe-2	
100	15. 7. 1941		
101	15. 7. 1941		

ABSCHRIFT:

Mölders, Hauptmann
Name, Dienstgrad

Wiesbaden, 20. 9. 39
Ort, Datum

Luftkampfbericht

1.) Zeit (Tag, Stunde, Minute) u. Gegend: 20. 9. 39 14.50 Uhr westl. Merzig auf franz. Gebiet

2.) Flugzeugtyp des abgeschossenen Flugzeuges: Curtiss

3.) Staatsangehörigkeit des Gegners: französisch

4.) Art der Vernichtung: Aufschlagbrand
   a) brennend
   b) abmontiert
   c) zur Landung gezwungen, wo

5.) Art des Aufschlages: jenseits
   a) diesseits
   b) jenseits

6.) Schicksal der Insassen des feindlichen Flugzeuges: Fallschirmabsprung

7.) Gefechtsbericht: Ich startete mit meinem Schwarm um 14.27 Uhr auf 6 gemeldete feindl. Eindecker südl. Trier. In 4500 m überflog der Schwarm die Saar bei Merzig, als in 5000 m Höhe südl. Conz 6 Maschinen gesichtet wurden. Ich überstieg den Gegener im weiten Bogen nach Norden ausgehend und kam zum überraschenden Angriff auf die hinterste Maschine. Aus etwa 50 m eröffnete ich das Feuer, worauf die Curtiss anfing zu schwimmen. Nach einem weiteren längeren Feuerstoß kam Qualm aus der Maschine und einzelnen Teile flogen ab. Sie kippte dann nach vorn ab, und ich verlor sie, da ich neu auftauchenden Gegner abwehren mußte.

8.) Zeugen des Abschusses:
   a) Luft: Lt. Brandhuber, Uffz. Bleidorn, Uffz. Freund
   b) Erde: ?

9.) Zeugenbericht:

Werner Mölders
Bilder und Dokumente

Kindheit und Schulzeit

Rechts: In diesem Haus in Gelsenkirchen/Westfalen wurde Mölders geboren. Hier verlebte er seine ersten Lebensjahre bis zur Übersiedlung nach Brandenburg an der Havel.

Unten links: Werner (l.) mit seinem Bruder Hans und seiner Schwester Annemarie.

Rechts: Mutter Anna-Maria Mölders mit ihren Kindern Werner, Annemarie, Victor und Hans (v. l. n. r.).

Seine Kinder- und Jugendzeit erlebte Mölders in Brandenburg a.d. Havel. Blick auf den Rathenower Torturm, ein Wahrzeichen der Stadt.

Unten links: Dieses Foto aus dem Schülerausweis von Werner Mölders wurde im Juni 1925 in Brandenburg/Havel aufgenommen.

Rechts: Etwa zur gleichen Zeit entstand dieses Bild von Werner mit seinen Geschwistern Annemarie und Victor.

Sommer 1926 an der Havel: Werner (rechts knieend) mit seinem Bruder Victor (vor ihm liegend) sowie Cousine und Vetter.

Darunter: In den Ferien bei seinem geliebten Onkel Paul (im Hintergrund) in Dahlen/Mark Brandenburg. Werner und Victor mit ihrer Jugendfreundin Ruth Fuhrmeister, kurz bevor Werner „auf die Jagd geht", ausgerüstet mit einem Luftgewehr und begleitet von seinen „Jagdhunden".

Rechte Seite:
Nachdem er als Elfjähriger zum erstenmal in einem Flugzeug einen Rundflug über Trier mitgemacht hatte, ließ ihn sein heimlicher Traum, Flieger zu werden, nie mehr los. Mölders nützte jede Gelegenheit, um fliegen bzw. seinen Wunsch verwirklichen zu können. Hier besteigt er mit einer Jugendgruppe in Berlin-Tempelhof einen Verkehrsmaschine der Deutschen Lufthansa.

Als Oberprimaner in der feinen offiziellen „Studentenkluft" vor einem „Brennabor", einem der besseren Automobile jener Zeit. Aufgenommen wurde das Foto im Frühjahr 1928 in Dahlen, anläßlich eines Besuches bei seinem Onkel Paul.

Es ist geschafft! Nach der Aushändigung der Abiturzeugnisse stellten sich die erfolgreichen Schüler der Abschlußklasse des „Saldria-Gymnasiums" aus Brandenburg/Havel im Frühjahr 1931 dem Fotografen. Ganz rechts, in der letzten Reihe, Werner Mölders.

Militärische und fliegerische Ausbildung

Vorläufiger Annahmeschein

Nr. (innerhalb des Eintrittsjahrgangs April oder Oktober 19 usw.)

Der Freiwillige Werner Mölders (Vor- und Familienname)

(Ort, Kreis, Regierungsbezirk) geboren am 18. März 1913

zu Gelsenkirchen, Westf. (Truppenteil) ist von der

7. Komp. Inf. Regt. 2

zu 12-jährigem Dienst vom 1. 4. 1931 (Tag, Monat, Jahr) ab

widerruflich unter der Bedingung angenommen, daß er, Tauglichkeit vorausgesetzt, am Einstellungstag in eine freie Planstelle im Heer eingestellt werden kann und daß seiner Einstellung keine in den Gesetzen und Dienstvorschriften angegebenen Hinderungsgründe entgegenstehen. Hat der Freiwillige bei den von ihm verlangten Auskünften, namentlich auch in Beziehung auf Krankheiten, unrichtige Angaben gemacht, so hat er, falls er auf Grund dieser Angaben eingestellt ist, die fristlose Kündigung seines Dienstverhältnisses oder vorzeitige Entlassung zu gewärtigen.

Aus dem vorläufigen Annahmeschein erwachsen noch keinerlei Rechte, also auch noch kein Anspruch auf Einstellung. Vor der voreiligen Lösung eines bestehenden Arbeitsverhältnisses wird daher gewarnt.

Inhaber muß jeden Aufenthaltswechsel dem Annahmetruppenteil bis zum Entscheid über die Einstellung oder Ablehnung mitteilen. Dieser Annahmeschein wird ungültig am 8. 4. 31 (Nächster Einstellungstag wie oben) wenn er nicht verlängert wird. Die Gestellungsaufforderung zum Diensteintritt oder die Vormerkung für einen späteren Einstellungstag oder eine etwa nötig werdende Ablehnung wird dem Inhaber durch den Annahmetruppenteil zugehen.

Bei nicht rechtzeitigem Sichstellen muß der Einberufene mit Ablehnung rechnen.

Kranke haben dem Truppenteil, zu dem sie einberufen wurden, sofort ein polizeilich beglaubigtes ärztliches Zeugnis zu senden, wenn sie auf Einstellung weiter Wert legen.

Muß die Einstellung bei einem anderen als dem annehmenden Truppenteil erfolgen, so wird es mitgeteilt.

(Ort und Tag) 18. 3. 1931

(Dienststempel) (Truppenteil) II. Inf. Regt. Nr. 2.

Mrach

(Unterschrift des Truppenkommandeurs)
Oberstleutnant und Bataillons-Kommandeur

Kurz vor dem Abitur hatte sich Mölders einer strengen Aufnahmeprüfung für den Eintritt als Offiziersanwärter in das 100000-Mann-Heer der Reichswehr unterzogen. Von den 60 Bewerbern wurden nur drei angenommen, darunter Mölders!

Gestellungsaufforderung

für Werner Mölders (Vor- und Familiennamen)

zu Brandenburg, (Havel) (Wohnort, Kreis, Regierungsbezirk)

Nr. des vorläufigen Annahmescheines

zum 8. 4. 31 (Einberufungstag)

nach Rastenburg, Ostpr. (Bestimmungsort)

zum II. Batl. Inf. Regt. 2 (Bezeichnung des Truppenteils)

Diese Gestellungsaufforderung ist von dem Einberufenen bei seiner daneben zu bewirkenden polizeilichen Abmeldung der zuständigen Polizeibehörde zum Eintragen eines Vermerks über die erfolgte Abmeldung persönlich vorzulegen.

Die Gestellungsaufforderung und der vorläufige Annahmeschein sind beim Truppenteil abzugeben.

Aus dieser Gestellungsaufforderung erwachsen dem Bewerber noch keinerlei Rechte, also auch noch kein Anspruch auf Einstellung. Es ist daher ratsam, ein bestehendes Arbeitsverhältnis nur unter dem Vorbehalt, daß die Einstellung tatsächlich erfolgt, zu kündigen.

Bei Entfernungen über 20 km nach dem kürzesten Landweg werden für die im Deutschen Reich zurückgelegten Strecken die Kosten dritter Klasse in Personenzügen — nicht Schnellzügen — beim Eintreffen erstattet. Dazu bedarf es der Fahrkarte. Ihre Belassung ist deshalb vom Bahnsteigschaffner unter Vorzeigung dieser Aufforderung zu erbitten. Die Fahrkarte ist dem Truppenteil abzugeben. Bei Mittellosigkeit ist sofort ein Vorschuß in Höhe des Fahrgeldes bei dem unterzeichneten Truppenteil zu beantragen.

Kranke haben dem Truppenteil, zu dem sie einberufen wurden, sofort ein polizeilich beglaubigtes Zeugnis zu senden, wenn sie auf Einstellung weiter Wert legen. In der Absage ist der Tag und der Truppenteil, der einberufen hat, sowie die Nummer des vorläufigen Annahmescheins anzugeben.

(Ort und Tag) 18. 3. 31

Abgemeldet:

Brandenburg, den 2. April 1931

(Bezeichnung der Polizeibehörde)

(Unterschrift)

(Truppenteil)

(Unterschrift des Truppenkommandeurs)

(Dienststempel)

Verpflichtungsschein.

Ich Werner Mölders

geboren am 18. März 1913

Gelsenkirchen i. Westf.

verpflichte mich auf die ununterbrochene Dauer von 12 Jahren zu allen Dienstleistungen im Reichsheer auf Grund der für das Reichsheer gültigen Gesetze, Verordnungen und Bestimmungen.

II. (Preuß.) Bataillon (Preuß.) Inf. Regt.

Werner Mölders

Mrach

Oberstleutnant und Bataillons-Kommandeur

(Ras)tenburg, den 1. 4. 1931

Aushändigungsvermerk

Eine Ausfertigung des Verpflichtungsscheins habe ich

am 1. April 1931 erhalten.

Werner Mölders

Die Dienstverpflichtung läuft ab am 31. März 1943.

Druck: Ernst Reimer, Allenstein

Nach Beendigung seiner Rekrutenausbildung bei der 7. Kompanie (II.Gren.Batl.) des Inf.Regt. 2 in Allenstein/Ostpr. kam Mölders zurück nach Rastenburg, wo er eingerückt war. Das Bild zeigt ihn (stehend) bei der Abschiedsfeier Ende September 1931 mit Kameraden und seinem Ausbilder Korporal (Unteroffizier) Schimanek (zweiter von links).

Als Obergefreiter bildete Mölders (sitzend zweiter von rechts) im Winter 1931/32 in der 2. Abteilung der 15./Inf.Regt. 2 Rekruten aus.

Ab Oktober 1932 war Mölders an der Kriegsschule in Dresden. Von der harten und umfassenden Ausbildung erholte er sich im Urlaub bei einer Ski-Tour im März 1933 in der Tschechoslowakei, die allerdings mit einem Bruch der Ski-Spitzen endete.

Links: Schnappschuß vom Fähnrichs-Lehrgang: Mölders mit seinem Kameraden Klaus Nöske (Nöske erhielt am 16. 5. 1941 als Hptm. und St.Kpt. der 1./KG 4 „General Wever" das Ritterkreuz).

Rechts: Mölders bei einem Ausflug auf dem „Dybin" in der Tschechoslowakei.

Das Zeugnis über die Fähnrichsprüfung, die von Mölders mit „ziemlich guten“ Leistungen bestanden wurde.

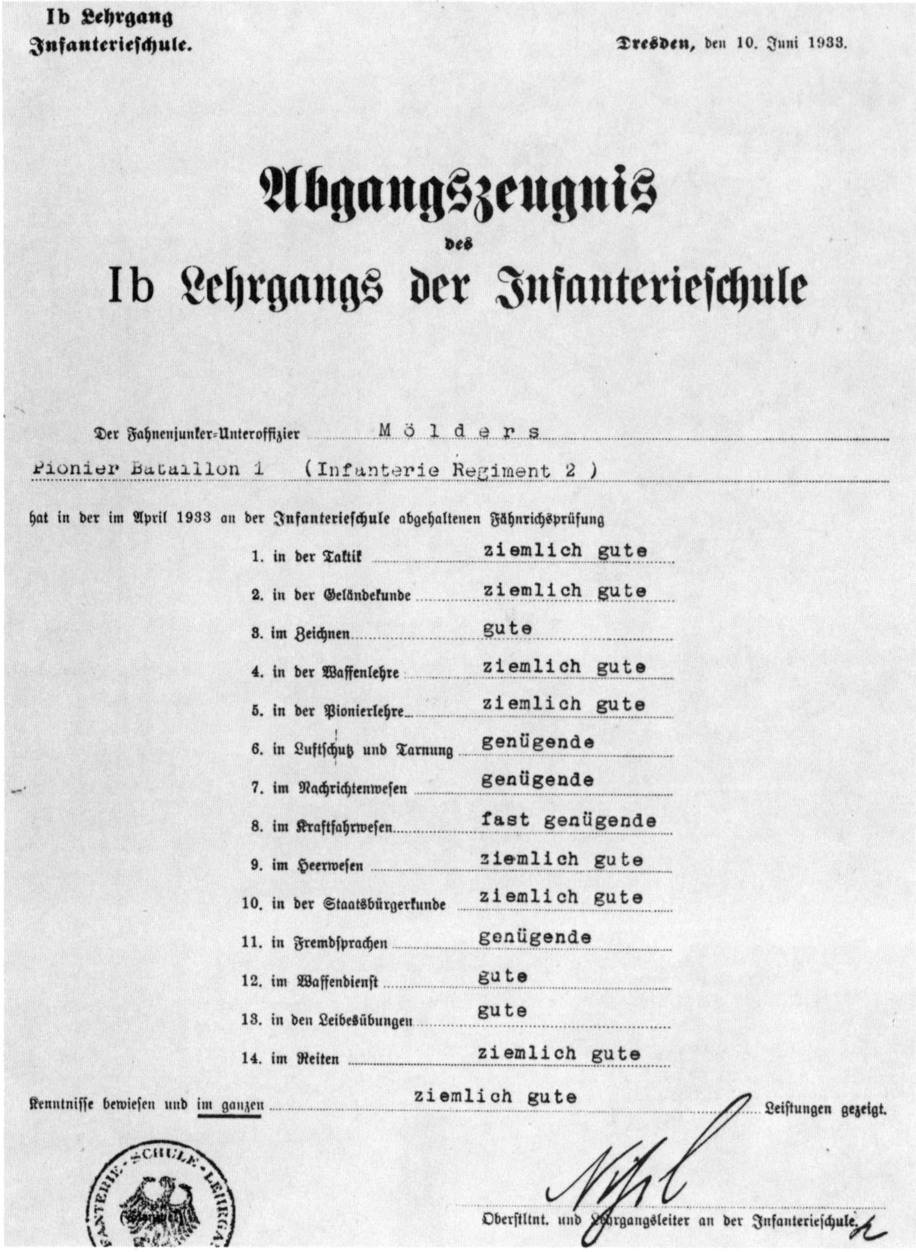

Ib Lehrgang
Infanterieschule.

Dresden, den 10. Juni 1933.

Abgangszeugnis
des
Ib Lehrgangs der Infanterieschule

Der Fahnenjunker-Unteroffizier M ö l d e r s
Pionier Bataillon 1 (Infanterie Regiment 2)

hat in der im April 1933 an der Infanterieschule abgehaltenen Fähnrichsprüfung

1. in der Taktik ziemlich gute
2. in der Geländekunde ziemlich gute
3. im Zeichnen gute
4. in der Waffenlehre ziemlich gute
5. in der Pionierlehre ziemlich gute
6. in Luftschutz und Tarnung genügende
7. im Nachrichtenwesen genügende
8. im Kraftfahrwesen fast genügende
9. im Heerwesen ziemlich gute
10. in der Staatsbürgerkunde ziemlich gute
11. in Fremdsprachen genügende
12. im Waffendienst gute
13. in den Leibesübungen gute
14. im Reiten ziemlich gute

Kenntnisse bewiesen und im ganzen ziemlich gute Leistungen gezeigt.

Oberstltnt. und Lehrgangsleiter an der Infanterieschule.

Ib L e h r g a n g
Infanterieschule

Dresden, den 9. Juni 1933.

B e s c h e i n i g u n g .
===========================

Der Fahnenjunker-Unteroffizier ..M.ö.l.d.e.r.s............
..............................Pionier.Bataillon.1...... hat die Fähnrichsprüfung 1933 mit ..ziemlich.gut......bestanden.
Er ist gemäß Verfg.Rw.Min. In. 4 Nr. 22 v 12 In. 1 (V) v. ..6.6.33...
mit Wirkung vom ....1.6.33............ zum Fähnrich befördert.

Oberstleutnant u. Lehrgangsleiter.

Mit Wirkung vom 1. Juni 1933 zum Fähnrich befördert!

Der frischgebackene Fähnrich wurde im Juni 1933 zur 1./Pionier Bataillon 1 versetzt und kam zur Pionierschule nach München. Unten: Mölders, 2. von links, mit seinen Kameraden in München-Schleißheim.

Auch am „Tag der Pioniere“ im Juli 1933 in Ingolstadt/Donau nahmen die Fähnriche teil. Die von den Pionieren innerhalb kürzester Zeit über die Donau gebaute Pontonbrücke.

Eine äußerst seltene Aufnahme! Die Fähnriche beim Kraftfahrdienst. Auf den Motorrädern von links nach rechts: Strümpell, Mölders, Nöske und Leutnant Gang.

Die Zeit an der Pionierschule in München gehört zu den schönsten Erlebnissen von Mölders. Seine Freizeit verbrachte er als begeisterter Wassersportler auf dem Starnberger See (siehe oberes Foto) und in den schönen bayerischen Bergen.

Mölders (ganz rechts) nach einer Bergwanderung läßt sich mit seinen Kameraden das Glas Milch bei der Rast auf der „First-Alm", oberhalb des Spitzingsees, schmecken.

Gipfelrast mit der wohlverdienten Brotzeit nach der „Bezwingung" der „Alpspitze" (Mölders zweiter von rechts).

Urlaub in der Heimat. Auf der Dachterrasse ihres Hauses in Brandenburg/Havel lupfen Victor und Werner ihre Mutter in die Höhe.

Die „Mölders-Buben“ sind wieder einmal alle zu Hause. Von links nach rechts: Hans, Victor und Werner.

Auch im Winter 1933/34 ging die Ausbildung an der Pionierschule in München unvermindert weiter. Als Zugführer fährt Mölders – stehend – im offenen PKW, trotz Schnee und Kälte, seinen Männern voraus.

Neben den Autos und Motorrädern werden auch die Pferde ständig im Gelände bewegt. Mölders – im Vordergrund – mit seinen Kameraden, kurz vor dem Ausritt zu einer Übung. Links Gerhard Kollewe, der am 12. 8. 1942 mit dem Eichenlaub zum Ritterkreuz des Eisernen Kreuzes ausgezeichnet wurde. Leider ist er als Major und Kdr. der II./KLG 1 am 17. Oktober 1942 nach Luftkampf mit Spitfire über dem Mittelmeer gefallen.

Mit der Beförderung zum Oberfähnrich (siehe Abbildung) und der weiteren Verpflichtung zum Dienst im Reichsheer endet die Zeit an der Pionierschule in München.

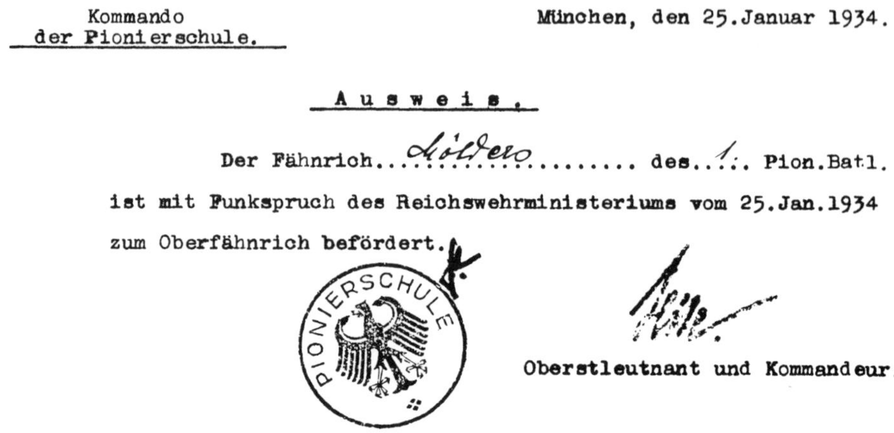

Kommando
der Pionierschule.

München, den 25.Januar 1934.

Ausweis.

Der Fähnrich..Mölders........ des..1.. Pion.Batl.
ist mit Funkspruch des Reichswehrministeriums vom 25.Jan.1934
zum Oberfähnrich befördert.

PIONIERSCHULE

Oberstleutnant und Kommandeur.

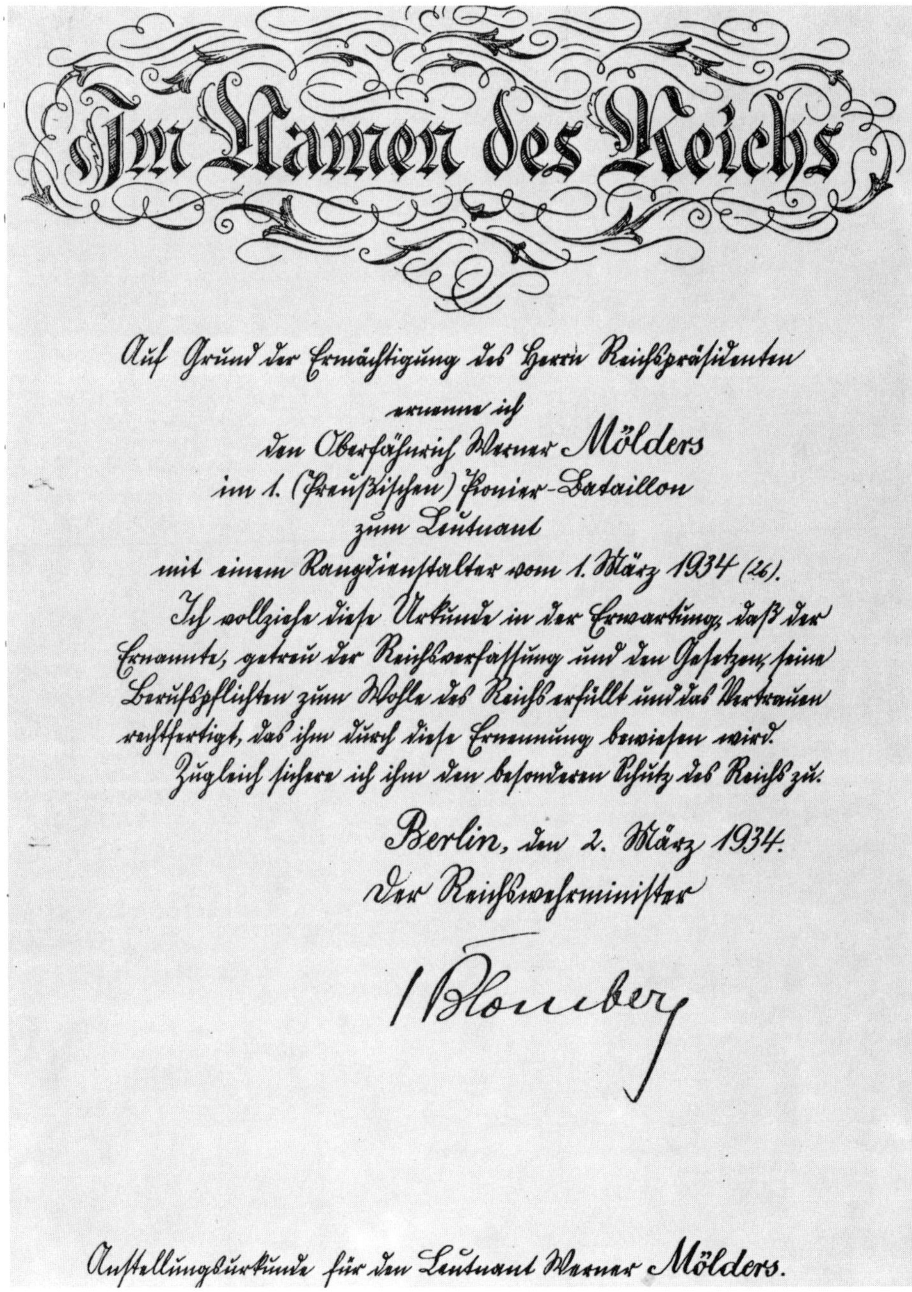

Im Namen des Reichs

Auf Grund der Ermächtigung des Herrn Reichspräsidenten
ernenne ich
den Oberfähnrich Werner Mölders
im 1. (Preußischen) Pionier-Bataillon
zum Leutnant
mit einem Rangdienstalter vom 1. März 1934 (26).
Ich vollziehe diese Urkunde in der Erwartung, daß der Ernannte, getreu der Reichsverfassung und den Gesetzen, seine Berufspflichten zum Wohle des Reichs erfüllt und das Vertrauen rechtfertigt, das ihm durch diese Ernennung bewiesen wird.
Zugleich sichere ich ihm den besonderen Schutz des Reichs zu.

Berlin, den 2. März 1934.
Der Reichswehrminister
v Blomberg

Anstellungsurkunde für den Leutnant Werner Mölders.

Die Ernennungsurkunde zum Leutnant, unterzeichnet vom Reichswehrminister Generaloberst von Blomberg.

Blick auf Cottbus, der allen Fliegern unvergeßlichen lieblichen Stadt in der Mark Brandenburg, in der die Deutsche Verkehrsfliegerschule zu Hause war.

Auch Werner Mölders lernte an der Deutschen Verkehrsfliegerschule in Cottbus das Fliegen und gehörte ihr offiziell als Flugschüler und Flugzeugführer vom 6. 2. bis 31. 12. 1934 an. Das Foto zeigt ihn vor einer Focke-Wulf AL 101 D (Argus As 8/A) der DVS Cottbus (D-2818).

In der DVS wurden viele Flugzeugtypen geflogen. Unter ihnen die Al 102 (oberes Bild) und die He 45 (mittleres Bild). Daß es dabei nicht ohne Unfälle abging, zeigt das untere Bild. Diese He 45 ging bei der Landung auf dem schneebedeckten Rollfeld auf den Kopf; ein typisches „Fliegerdenkmal".

Links: Werner Mölders (Bildmitte) mit seinen Mitschülern und Kameraden Ltn. Rosenthal (rechts) und Ltn. Darjes, der am 14. 10. 1942 als Major und Kdr. der II./Sch.G. 1 mit dem Ritterkreuz ausgezeichnet wurde. – Rechts: Der junge Ltn. Mölders präsentiert sich hier stolz in der Uniform des Deutschen Luftsport-Verband (DLV), im Frühjahr 1934.

Eine Kette Arado Ar 66, mit der die Flugschüler gerne flogen.

Auch die elegante und hervorragende Fw 56 „Stößer“ war eine sehr beliebte Maschine.

Blick auf den Flugbetrieb der angehenden Flugzeugführer.

Mit einer Maschine dieses Typs, einer Arado Ar 66, führte Mölders am 9. 8. 1934 einen Höhenflug durch, wie das unten abgebildete „Barogramm" der DVS Cottbus beweist.

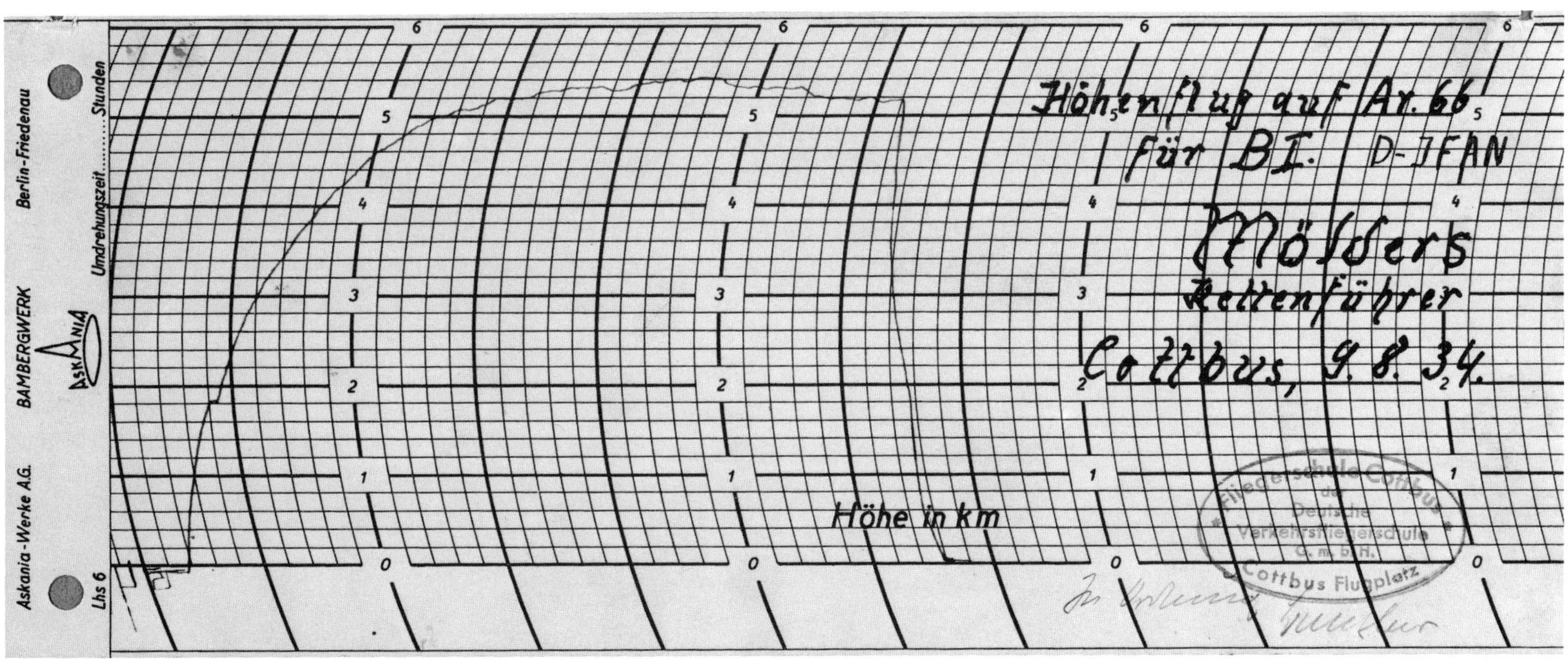

Rechts: Vom 1. 1. bis 30. 6. 1935 wurde Mölders als Flugzeugführer mit vier seiner Kameraden zur Kampffliegerschule nach Tutow versetzt. Die fünf Leutnants von links nach rechts: Frhr. von Beust, Keil, Roth, Mölders und Mund. Deutlich ist zu sehen, daß zwei der Offiziere noch das Zeichen des DLV auf dem Waffenrock haben, während die anderen bereits das neue Hoheitszeichen der Luftwaffe, den Adler mit Hakenkreuz tragen.

Mitte: An dieser Kampffliegerschule wurde auch diese Dornier Do 23 geflogen, ein sehr schwer zu fliegendes Kampfflugzeug.

Unten: Ein sehr elegantes Flugzeug hingegen war die Heinkel He 70 „Blitz“, die hier gerade gewartet wird.

Einen Kurzurlaub an Ostern nützte der mit einigen Kameraden auf drei Monate zur Jagdflieger-Ausbildung nach München-Schleißheim kommandierte Mölders zu einem Ausflug in die geliebten Berge Bayerns. Das Foto zeigt ihn und seine Freunde bei einer Rast in der Mittagssonne auf der „Vorderbrand-Alm".

Mölders und von Harling bei einer Bootsfahrt auf dem Königssee bei Berchtesgaden und während einer kleinen Wanderung mit seinen Freunden im „Malerwinkel", mit Blick auf den See.

Mit dieser Urkunde wurde Mölders am 21. Mai 1935 das neugeschaffene Flugzeugführerabzeichen der Luftwaffe verliehen. Er hatte sein großes Ziel, Flieger zu werden, trotz aller Anfangsschwierigkeiten erreicht.

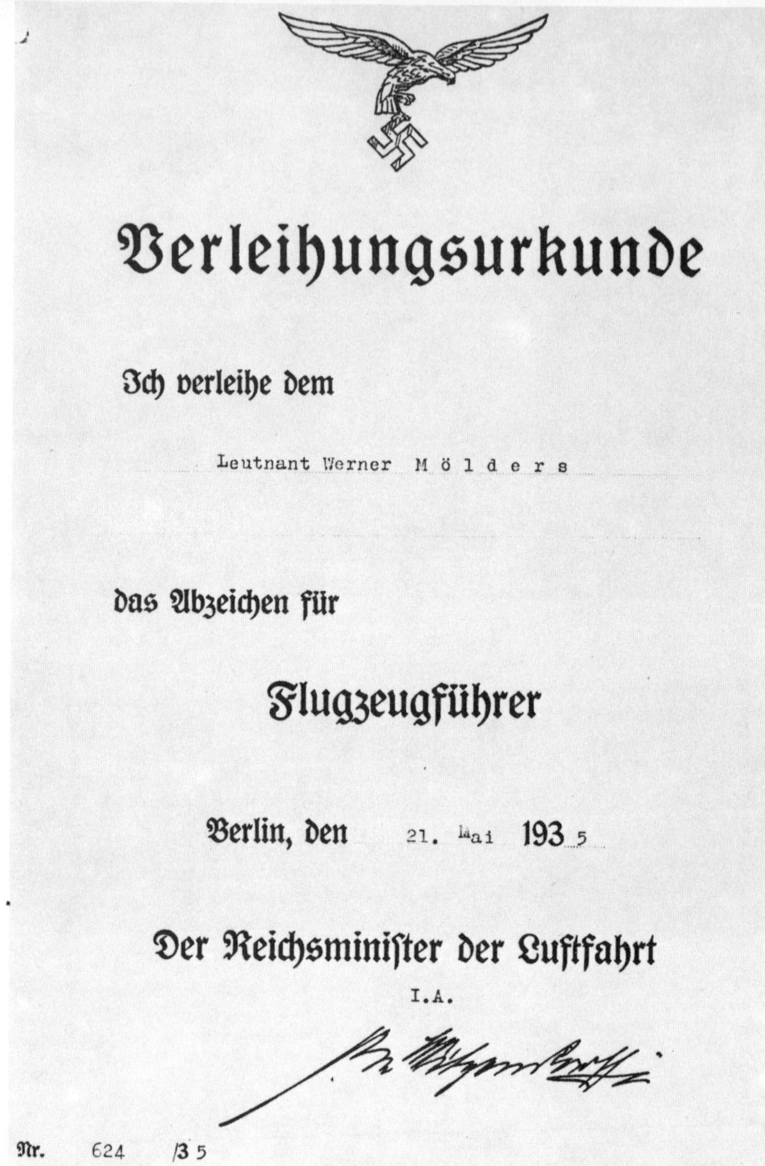

Verleihungsurkunde

Ich verleihe dem

Leutnant Werner Mölders

das Abzeichen für

Flugzeugführer

Berlin, den 21. Mai 1935

Der Reichsminister der Luftfahrt

I.A.

Nr. 624 /35

Von München-Schleißheim aus startete Mölders auch zu einigen Überlandflügen mit der Junkers W 34 (mit BMW „Hornet“).

Beim Flug über den Thüringer Wald

über der Innenstadt von München.

Rechts: Für seine glänzende schauspielerische Leistung als Ikaros, bei der am 10. 10. 1934 an der DVS in Cottbus uraufgeführten ersten und einzigen Jagdfliegeroper „IKARUS und IKARINE", schenkte der damalige Staatssekretär Milch Mölders und dem Ltn. Petersson je einen Freiflugschein der Lufthansa nach Griechenland. Mölders (im Vordergrund) als „IKARUS" im dritten Akt.

Mitte: Am 6. Juni 1935 lösten die beiden Freunde den Freiflugschein ein und flogen mit einer Ju 52 der Lufthansa nach dem sonnigen Süden, wo sie fröhlich und unbeschwert die Schönheiten Griechenlands genossen.

Unten: Dieses Erinnerungsfoto zeigt Mölders auf der Akropolis.

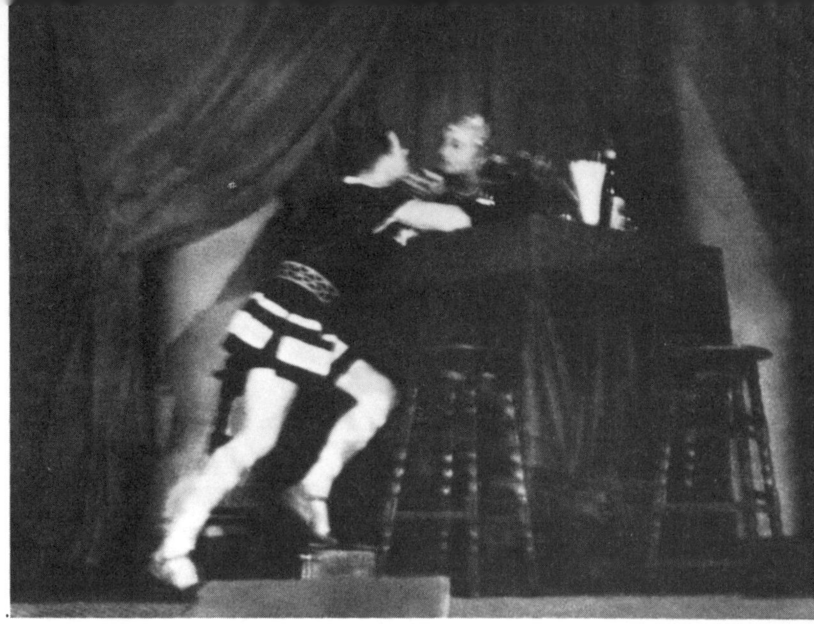

Bei dem Kurs in München-Schleißheim, der u. a. der Vorbereitung zum Einsatz bei einer neu aufzustellenden Stuka-Gruppe galt, flogen sie auch die Arado Ar 65, mit der das Stürzen aus großer Höhe geübt wurde.

Vom Juli 1935 bis März 1936 gehörte Mölders der Fliegergruppe („Immelmann") in Schwerin an. Das Bild zeigt den strahlenden, jungen Leutnant mit dem Flugzeugführerabzeichen auf der Brust am Eingang zum Fliegerhorst.

Der eigene PKW, ein „Adler“, durfte natürlich auch nicht fehlen!

Diese Schweriner Zeit brachte den jungen Offizieren ein schönes und fast sorgenfreies Leben, wie sie sich dies immer erträumt hatten. Oft waren sie Gäste in der „Villa BALDAUF“, wo Mölders auch seine spätere Frau kennenlernte. Rechts: (v. li. n. re.): Mölders, Luise Baldauf, Balfanz, Keil. Oben: Mölders, Baldauf, Luise Baldauf, Keil, Krause.

Als Jagdflieger in der neuen deutschen Luftwaffe

Links: Nach Aufhebung der entmilitarisierten Zone im Rheinland überflogen am 7. März 1936 zum erstenmal Jagdstaffeln der neuen Deutschen Luftwaffe den Rhein. Mölders flog von Lippstadt/Westf. kommend mit seiner Staffel über das Ruhrgebiet an den Rhein. Sie landeten in Düsseldorf und wurden von der Bevölkerung begeistert begrüßt.

Vom 1. 4. 1936 bis 14. 3. 1937 gehörte Mölders der II. Gruppe des Jagdgeschwaders 134 „Horst Wessel" in Werl/Westfalen an. Mölders (rechts) mit dem Kommandeur der Gruppe, Major Osterkamp und Obltn. Kienzle am 7. 4. 1936, kurz vor der Parade anläßlich des Einzugs in den neuen Standort Werl.

Mit gezogenem Degen marschiert Osterkamp im „großen Dienstanzug" seinen Soldaten voraus. Daneben Hptm. Vollbracht (1945 Oberst und Ritterkreuzträger) und Obltn. Kienzle. Links im Bildrand grüßend Ltn. Mölders, Ordonnanzoffizier beim General, der die Parade abnahm. Osterkamp, bei allen Fliegern als „Onkel Theo" bekannt, war Inhaber des „Pour le mérite" (32 Luftsiege im 1. Weltkrieg) und des Ritterkreuzes (Verlhg. am 22. 8. 1940).

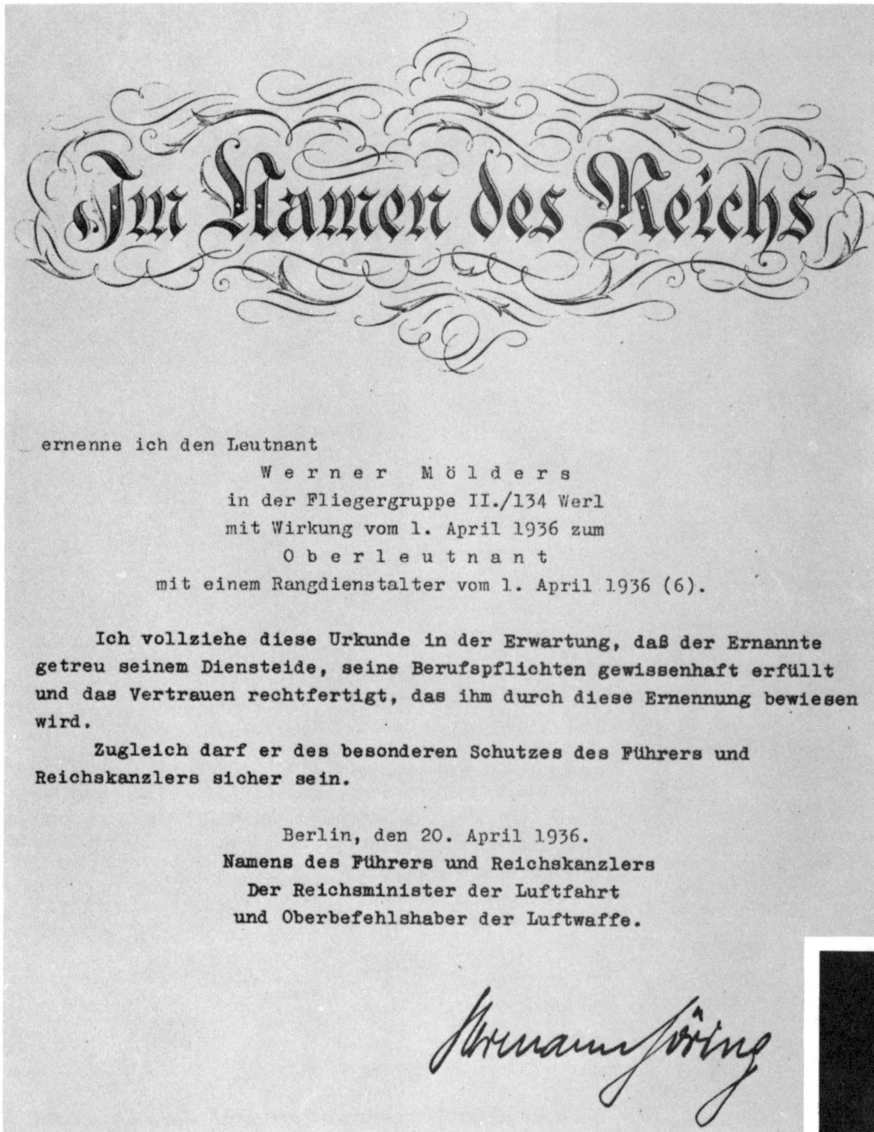

Im Namen des Reichs

ernenne ich den Leutnant

W e r n e r   M ö l d e r s

in der Fliegergruppe II./134 Werl

mit Wirkung vom 1. April 1936 zum

O b e r l e u t n a n t

mit einem Rangdienstalter vom 1. April 1936 (6).

Ich vollziehe diese Urkunde in der Erwartung, daß der Ernannte getreu seinem Diensteide, seine Berufspflichten gewissenhaft erfüllt und das Vertrauen rechtfertigt, das ihm durch diese Ernennung bewiesen wird.

Zugleich darf er des besonderen Schutzes des Führers und Reichskanzlers sicher sein.

Berlin, den 20. April 1936.

Namens des Führers und Reichskanzlers

Der Reichsminister der Luftfahrt

und Oberbefehlshaber der Luftwaffe.

Hermann Göring

Am 20. April 1936 wurde Mölders mit Wirkung vom 1. April 1936 zum Oberleutnant befördert.

Das erste Foto als Oberleutnant mit der zweiten Schwinge auf dem Kragenspiegel.

Mölders als Führer der 1. Jagdschulstaffel des Geschwaders in Werl. Auf dem oberen Bild, links neben ihm, und auf dem unteren Bild außen marschierend, Ltn. Hachfeld. Leider ist dieser hervorragende Flieger als Ritterkreuzträger, Hptm. und Kdr. der III./ZG 2, am 2. 12. 1942 beim Start in Bizerta/Tunesien nach 650 Feindflügen, davon 230 Jabo-Einsätzen, tödlich verunglückt.

Luftexerzieren mit Arado Ar 68: Flug im Staffelwinkel (oben) und im Staffelkeil (unten).

Blick vom Führersitz der Arado Ar 68 auf den voraus fliegenden, nach unten wegstürzenden Kameraden.

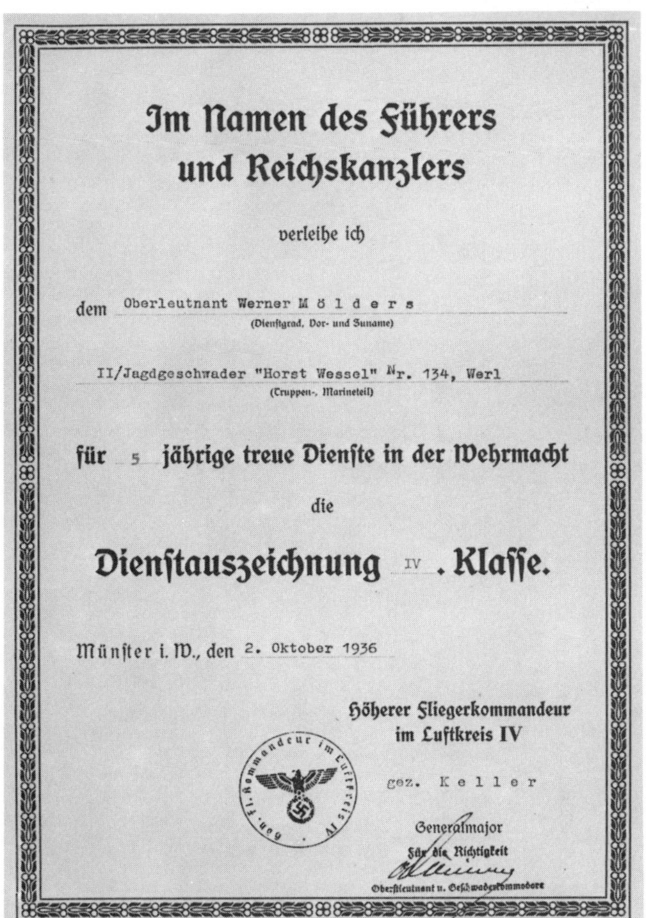

Im Namen des Führers
und Reichskanzlers

verleihe ich

dem Oberleutnant Werner M ö l d e r s
(Dienstgrad, Vor- und Zuname)

II/Jagdgeschwader "Horst Wessel" Nr. 134, Werl
(Truppen-, Marineteil)

für 5 jährige treue Dienste in der Wehrmacht

die

Dienstauszeichnung IV. Klasse.

Münster i. W., den 2. Oktober 1936

Höherer Fliegerkommandeur
im Luftkreis IV

gez. K e l l e r

Generalmajor

Für die Richtigkeit

Oberstleutnant u. Geschwaderkommodore

Am 2. Oktober 1936 erhielt Mölders diese Urkunde und die dazugehörende Dienstauszeichnung IV. Klasse für seine 5 jährige Zugehörigkeit zur Wehrmacht (vorher Reichsheer).

Bei einem Besuch auf dem Flugplatz von Bad Lippspringe 1937 entstanden diese Bilder: Oben, die 6. Staffel der II./JG 234 mit ihren Arado Ar 68-E; Mitte, Heinkel-Jagdflugzeuge He 51 beim Landeanflug; unten, ein Kampfflugzeug Junkers Ju 86.

Oben links: Vom 15. März 1937 bis 13. April 1938 war Mölders Kapitän der 1. Staffel in der I./JG 334 (spätere 1./JG 53 „Pik As") in Wiesbaden. Mölders (3. v. re.) mit seinen Flugzeugführern kurz vor dem Start mit ihren He 51. Zweiter von rechts Heinz Bretnütz, später ebenfalls ein „Jagdflieger-As".

Rechts: Ein Angehöriger des Bodenpersonals der Luftaufsicht, als Startposten mit der Leuchtpistole im Einsatz. Im Hintergrund wird gerade einer der neuen Messerschmittjäger Bf 109 von einem Mechaniker gewartet.

Mitte: Mit den neuen Maschinen machte das Fliegen doppelt Spaß! Ein Schwarm Bf 109 B beim Überfliegen des Platzes, anläßlich einer Flugvorführung.

Die am Platzrand abgestellten neuesten Jagdflugzeuge vom Typ Bf 109 B, der Stolz der deutschen Jagdwaffe.

Bei der Legion Condor in Spanien

Am 14. April 1938 wurde Mölders als Staffelkapitän zur 3./J 88 der „Legion Condor" nach Spanien kommandiert. Das Foto zeigt ihn in der Uniform der Legion, kurz nach der Ankunft bei der Einheit.

Die Staffel war mit Heinkel He 51 A-2 ausgerüstet und hatte sich unter Führung von Obltn. Galland bei vielen erfolgreichen Tiefangriffen zur Unterstützung der Bodentruppen weit über die Grenzen der Legion hinaus einen Namen gemacht.

Unten links: Galland, kniend am Maschinengewehr, und seine Männer beobachten am Platzrand gespannt und etwas skeptisch die Landung eines Kameraden.

Rechts: Am 24. Mai 1938 übernahm Möllers offiziell die Staffel von Galland. Galland (links) kurz vor dem Flug in die Heimat, schon in Zivil, aber noch mit der „Schifferl-Mütze" der Legion auf dem Kopf. Rechts mit Hut „Edu" Neumann, später einer der bekanntesten Jagdflieger der Luftwaffe (u.a. Kommodore des JG 27 in Afrika und der Reichsverteidigung).

Fast drei Monate flog Mölders mit seiner He 51-Staffel weiter erfolgreiche Schlachtfliegerangriffe an der Südfront. Beim Erfahrungsaustausch, von links nach rechts: Ltn. Lippert, Mölders, Ltn. Strößner, Obltn. Reents.

Während dieser Zeit unternahm er mehrere Fahrten an die Front und besuchte die vordersten Linien. Hier im Schützengraben (rechts) im Gespräch mit einem nationalspanischen Soldaten.

Auch mit dem Führungsstab der Legion hielt Mölders engen Kontakt. Das Foto zeigt den Stab auf einer Höhe vor Villar. Rechts, mit umgehängtem Fernglas, Generalmajor Frhr. von Richthofen, der letzte Kdr. der Legion, der bereits 1936/37 als Chef des Stabes in Spanien war.

Anfang Juli 1938 wurde nach der 1. und 2. Staffel der J/88 endlich auch die 3. auf die moderne und schnelle Messerschmitt Bf 109 umgerüstet. Der Jubel war groß, als die ersten Maschinen landeten.

Blick in den Führersitz der Bf 109 B-2.

Motoransicht der Bf 109 B-2 mit Rumpfbewaffnung, 2 × MG 17.

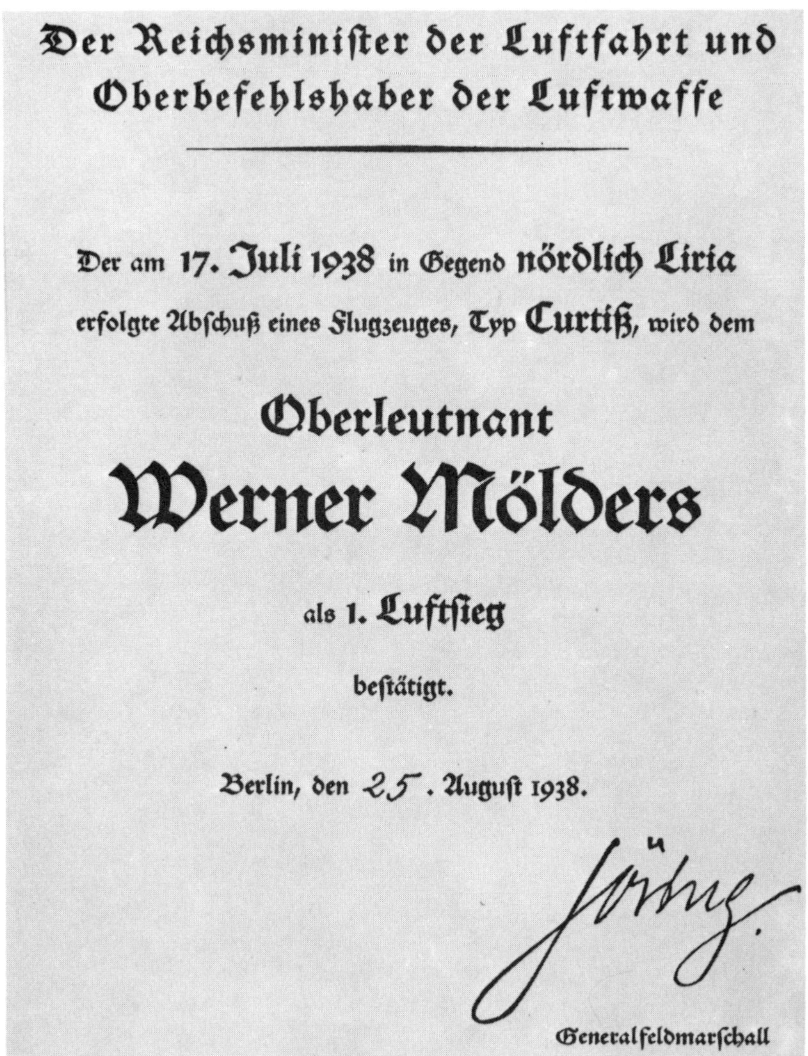

Der Reichsminister der Luftfahrt und
Oberbefehlshaber der Luftwaffe

Der am 17. Juli 1938 in Gegend nördlich Liria
erfolgte Abschuß eines Flugzeuges, Typ Curtiß, wird dem

Oberleutnant
Werner Mölders

als 1. Luftsieg

bestätigt.

Berlin, den 25. August 1938.

Göring

Generalfeldmarschall

Der am 17. Juli 1938 erzielte Abschuß einer I-15 bis („Curtiss"), Bild oben eine Maschine dieses Typs, wurde Mölders als 1. offizieller Luftsieg bestätigt, wie diese Urkunde beweist. In Wirklichkeit war es bereits sein 2. Abschuß, denn zwei Tage vorher hatte er seinen 1. Gegner – ebenfalls eine „Curtiss"– in der Gegend von Algar im Luftkampf bezwungen. Dieser Abschuß wurde ihm dann, lt. Urkunde, erst als 3. Luftsieg anerkannt! Alle Jagdflieger, die bei der „Legion Condor" Abschüsse errungen haben, erhielten diese Urkunden.

Oben links: Blick auf den Feldflugplatz von La Cenia, der von der 3./J 88 lange Zeit belegt war. Die Stadt liegt an einem kleinen gleichnamigen Fluß unweit der Ebromündung.

Daneben: In diesem schön gelegenen Haus am Rande der Stadt wohnten Mölders und seine Männer fast sieben Monate.

Fröhliche Morgentafel in ihrem Quartier.

Beim Schachspielen während der Einsatzpausen auf der Veranda des Landhauses. Es spielt Fözö (links) gegen Mölders.

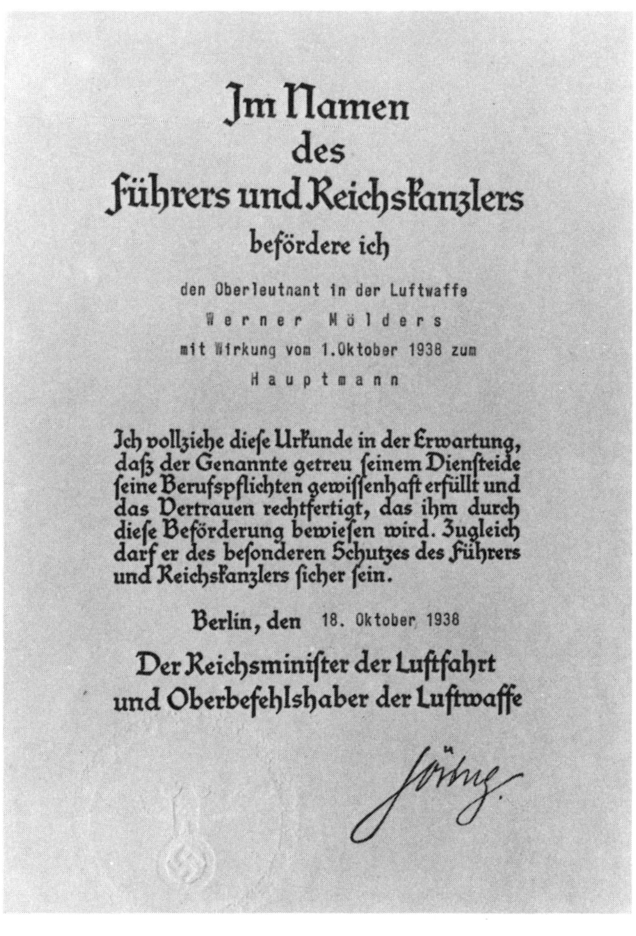

Im Namen
des
Führers und Reichskanzlers
befördere ich

den Oberleutnant in der Luftwaffe
W e r n e r   M ö l d e r s
mit Wirkung vom 1.Oktober 1938 zum
H a u p t m a n n

Ich vollziehe diese Urkunde in der Erwartung, daß der Genannte getreu seinem Dienfteide seine Berufspflichten gewissenhaft erfüllt und das Vertrauen rechtfertigt, das ihm durch diese Beförderung bewiesen wird. Zugleich darf er des besonderen Schutzes des Führers und Reichskanzlers sicher sein.

Berlin, den 18. Oktober 1938

Der Reichsminister der Luftfahrt
und Oberbefehlshaber der Luftwaffe

Göring

Mölders und seine Staffel errangen Erfolg auf Erfolg. Die Anerkennung hierfür blieb nicht aus. Er wurde am 18. Oktober 1938 mit 25 Jahren bevorzugt zum Hauptmann befördert. Das Foto zeigt ihn kurz nach der Beförderung.

Alltagsleben auf den Feldflugplätzen der Jagdflieger in Spanien. Die „Schwarzen Männer" des Bodenpersonals leisteten unter großen Strapazen ganze Arbeit und trugen entscheidend zu den Erfolgen ihrer Flugzeugführer bei.

Mit 12 anerkannten Luftsiegen war Hptm. Schellmann nach Mölders der erfolgreichste Jagdflieger der Legion in Spanien. Als Träger des Ritterkreuzes und Kommodore des JG 27 mußte er am 22. 6. 1941 bei Grodno (Rußland) nach Luftkampf mit dem Fallschirm abspringen und gilt seitdem als vermißt.

Unten links: Ein Schwarm Bf 109 über der Sierra auf Feindflug. Auf dem Seitenleitwerk der Maschine im Vordergrund sind fünf Abschußmarkierungen zu erkennen.

Rechts: Morgendliche Einsatzbesprechung der 3./J 88. Links Mölders, mit der Karte in der Hand, Bildmitte, ebenfalls mit Karte, „Joschko" Föző. Föző flog 147 Einsätze in Spanien und erzielte 3 Luftsiege (am 2. 7. 1941 mit dem Ritterkreuz ausgezeichnet).

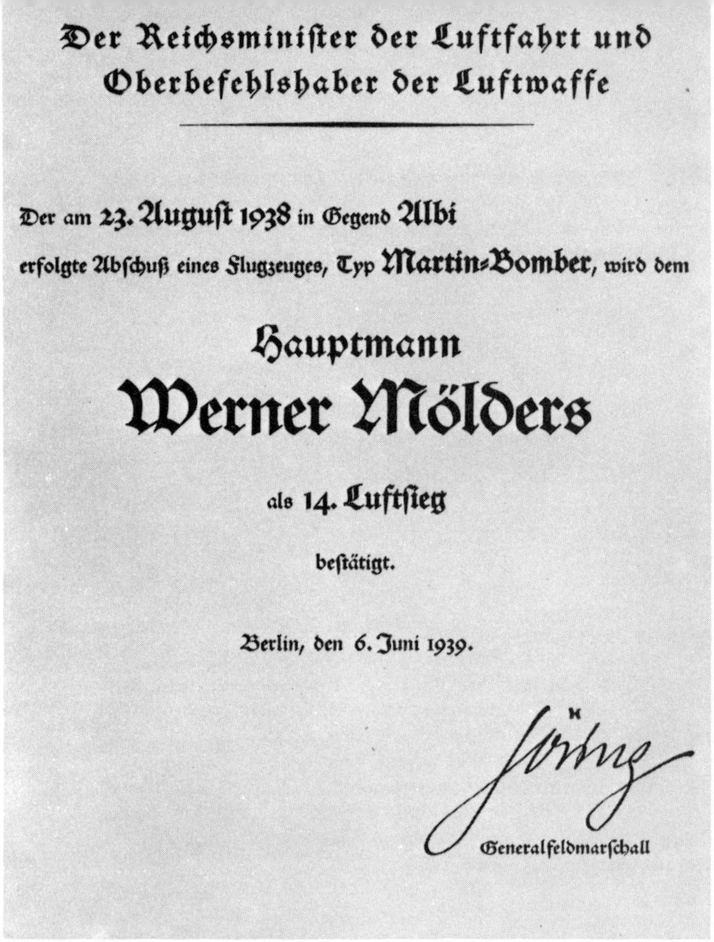

Der Reichsminister der Luftfahrt und
Oberbefehlshaber der Luftwaffe

Der am 23. August 1938 in Gegend Albi
erfolgte Abschuß eines Flugzeuges, Typ Martin-Bomber, wird dem

Hauptmann
Werner Mölders

als 14. Luftsieg

bestätigt.

Berlin, den 6. Juni 1939.

Generalfeldmarschall

Erst am 6. Juni 1939 wurde der am 23. 8. 1938 erzielte Abschuß eines Martin-Bombers als 14. und letzter Luftsieg anerkannt (es war eigentlich sein 5. Abschuß). Oben rechts: Werner Mölders, der erfolgreichste Jagdflieger der „Legion Condor“.

Oben: Die Mechaniker bei den letzten Vorbereitungen zum Start. Im Vordergrund die „schweren Brocken" einer ebenfalls am Platz liegenden Kampffliegerstaffel der Legion (K/88).

Mitte: Eine Bf 109 der 3./J 88 überfliegt im Tiefflug den Platz.

Links: Am 5. Dezember 1938 flog Mölders in einer Ju 52 vom Platz La Cenia in die Heimat. Zurück blieb seine Bf 109, auf deren Seitenleitwerk 15 Luftsiege markiert waren (14 wurden anerkannt).

6. Juni 1939: Empfang der „Legion Condor“ in Berlin. Links, als Fahnenbegleiter der von Franco verliehenen Standarte der Legion Wolf-Dietrich Wilcke, der leider im März 1944 als einer der besten deutschen Jagdflieger in der „Reichsverteidigung“ fiel.

Hitler schreitet die Front der zur Parade angetretenen Soldaten ab. Von links nach rechts: Warlimont, Volkmann, Sperrle, Milch, Hitler, Raeder, Göring, Keitel, Frhr. v. Richthofen, Kesselring. Volkmann, Sperrle und v. Richthofen waren die ehemaligen Befehlshaber der Legion in Spanien.

Ehrung der gefallenen Spanienkämpfer im Lustgarten in Berlin. Jede der weißen Tafeln trug den Namen eines der Gefallenen.

Für hervorragende Leistungen während seines Spanieneinsatzes wurde Mölders mit dem „Deutschen Spanien-Kreuz in Gold mit Schwertern und Brillanten" sowie zwei spanischen Orden ausgezeichnet, deren Verleihungsurkunden hier abgebildet sind.

Ejercito Español

En atención a los méritos contraidos en Operaciones de Guerra por Comandante Werner Moelders

S. E. el Jefe del Estado y Generalísimo de los Ejércitos Nacionales ha tenido á bien concederle la Medalla Militar

Y para que conste y para satisfacción del interesado, expido en nombre de S. E. el presente diploma en Burgos a 4 de Mayo de 1939, Año de la Victoria.

El Ministro de Defensa Nacional

Ejercito Español

En atención a los méritos contraidos en Operaciones de Guerra por Comandante Werner Moelders

S. E. el Jefe del Estado y Generalísimo de los Ejércitos Nacionales ha tenido á bien concederle la Medalla de la Campaña

Y para que conste y para satisfacción del interesado, expido en nombre de S. E. el presente diploma en Burgos a 4 de Mayo de 1939, Año de la Victoria.

El Ministro de Defensa Nacional

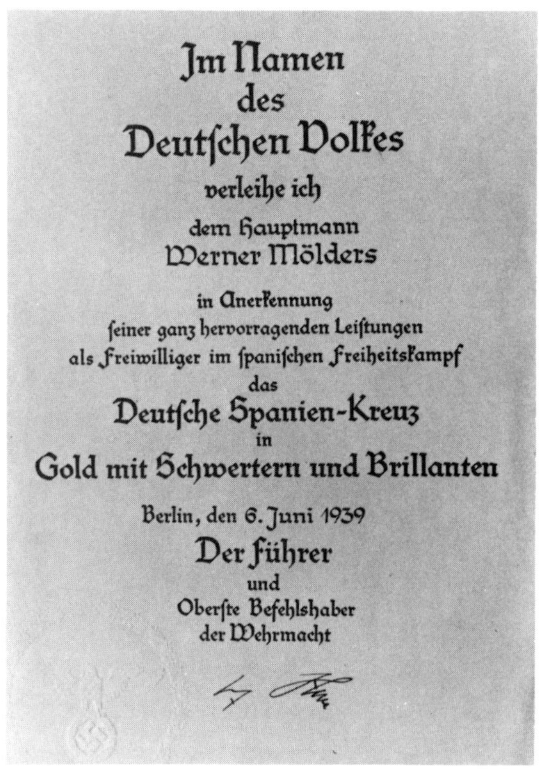

Im Namen
des
Deutschen Volkes
verleihe ich
dem Hauptmann
Werner Mölders
in Anerkennung
seiner ganz hervorragenden Leistungen
als Freiwilliger im spanischen Freiheitskampf
das
Deutsche Spanien-Kreuz
in
Gold mit Schwertern und Brillanten
Berlin, den 6. Juni 1939
Der Führer
und
Oberste Befehlshaber
der Wehrmacht

Das Merkblatt für den Empfang der besonders ausgezeichneten Spanienkämpfer durch Hitler in der Marmorgalerie der Reichskanzlei.

MERKBLATT

FÜR DEN 6. JUNI 1939

1. Antreten und Meldung in der Marmorgallerie.
   Mütze aufbehalten. Koppel umgeschnallt lassen.
   Aufstellung in Linie zu 2 Gliedern.
   Am rechten Flügel die 3 Befehlshaber der Legion Condor, Admiral Carls, Admiral Boehm Oberst d. G. Warlimont und die Offiziere des Sonderstabs W.

   Dann nebeneinander
   - die spanischen Offiziere
   - die italienischen Offiziere
   - Sonderstab W
   - die Kommandeure und Kommandanten
   - die Offiziere mit Spanienkreuz in Gold mit Brillanten
   - die Offiziere mit Spanienkreuz in Gold
   - die Unteroffiziere mit Spanienkreuz in Gold.

   Innerhalb der einzelnen Blocks nach den Wehrmachtteilen antreten.
   Reihenfolge: Luftwaffe, Heer, Kriegsmarine.
   Innerhalb der Wehrmachtteile dem Dienstalter nach aufstellen.
2. Der Führer betritt die Gallerie von der Mitte der Nordseite der Gallerie.
3. General der Flieger Sperrle meldet dem Führer. Dabei grüßen alle Generale und Admirale, während alle anderen Offiziere und Unteroffiziere in Grundstellung bleiben und Augen rechts bzw. links nehmen.
4. Der Führer geht die Front vom rechten Flügel aus ab. Er wird begleitet von den Oberbefehlshabern der 3 Wehrmachtteile, Generaloberst Keitel und Generaloberst Milch. Die Befehlshaber der Legion Condor und Oberst d. G. Warlimont schließen sich an.
5. Nachdem der Führer die Front abgeschritten hat, begibt er sich in sein Arbeitszimmer. Es folgen ihm alle deutschen und ausländischen Generale und Admirale. Die anderen angetretenen Offiziere und Unteroffiziere begeben sich sofort in den Mosaiksaal und Speisesaal und verteilen sich dort auf die Tische. Die auf der Rückseite namentlich aufgeführten Offiziere und Unteroffiziere nehmen an den numerierten Tischen Platz. Es bleiben alle Herren an ihren Stühlen stehen bis der Führer den Marmorsaal betreten und sich gesetzt hat.
6. Der Führer wird zuerst an einem Tisch in dem Mosaiksaal, dann an einem Tisch im Speisesaal Platz nehmen. Wenn er den Speisesaal betritt, haben sich alle Herren von ihren Plätzen zu erheben.
7. Nach dem Essen kann zwanglos herumgegangen werden.
8. Das Rauchen ist in sämtlichen Räumen der Reichskanzlei nicht gestattet, auch nicht im Ehrenhof und Garten.

Rechte Seite:
Oben Hitler bei der Begrüßung der angetretenen Offiziere, hier von Angehörigen der Kriegsmarine.

Unten von links nach rechts: Göring, Hitler, Harlingshausen, Mölders, Unbekannt.

M O S A I K S A A L

TISCH 1: Der Führer

General der Flieger **Sperrle**
General **Don Antonioa Aranda**
~~Vizeadmiral von Fischel~~ General Queipo de Llano
Oberst d. G. **Warlimont**
Oberstleutnant **von Donat**
Hauptmann **Mölders**
Leutnant **Seiler**
Oberfeldwebel **Prestele**
~~Feldwebel Bohnsack~~

TISCH 2:

Generalfeldmarschall **Göring**
General der Flieger **Volkmann**
Admiral **Boehm**
General **Don José Solchaga**
Oberst **Frhr. von Funk**
Oberst **Lindner**
Oberstleutnant **Plocher**
Feldwebel **Kroll**
Feldwebel **Flegel**
Feldwebel **Willuhn**

TISCH 3:

Großadmiral Dr. h. c. **Raeder**
Konteradmiral **Don Ramon Agacino y Armas**
Admiral **Carls**
Kapitän zur See **Cyliax**
Korvettenkapitän **Meyer**
Korvettenkapitän **Mark**
Korvettenkapitän **Erdmenger**
Korvettenkapitän **von Davidson**
Kapitänleutnant **Landheld**
Kapitänleutnant **Grosse**

TISCH 4:

Generaloberst **von Brauchitsch**
General **Don Carlos Martinez Campos**
Oberst **Schubert**
Oberstleutnant **Mehnert**
Major **Merhard von Bernegg**
Hauptmann **Hertzer**
Oberleutnant **Klinkicht**
Oberfeldwebel **Buchholz**
Feldwebel **Kahlert**
Unteroffizier **Köster**

S P E I S E S A A L

TISCH 11:

General **Don Juan Yague**
Generalmajor **Battisti**
General d. Fl. z. D. **Wilberg**
Generalmajor **Frhr. von Richthofen**
Konteradmiral **Fanger**
Oberst **Ritter von Thoma**
Oberstleutnant **von Donat**
Major **Neudörffer**
Major **Harlinghausen**
Major **Wolff**
Hauptmann **Schellmann**
Hauptmann **Harder**
Oberleutnant **Graf Hoyos**
Oberleutnant **Bertram**
Oberleutnant **Oesau**
Oberleutnant **Enzlen**
Oberfeldwebel **Hofmann**
Oberfeldwebel **West**
Feldwebel **Huth**

TISCH 12:

Generalfeldmarschall **Göring**
General **Don Rafael Garcia Valino**
Oberst **Prinz Alfonso de Orleans y Borbon**
General d. Fl. **Schweikhard**
Oberst **Kressmann**
Oberstleutnant **Seidemann**
Oberstleutnant **Holle**
Major **Handrick**
Hauptmann **Aldinger**
Feldwebel **Rochel**
Feldwebel **Brohammer**
Unteroffizier **Batz**

TISCH 13:

Generaloberst **Keitel**
General **Don Camilo Alonso Vega**
Oberst **Aurelia**
Oberstleutnant **Siber**
Major **Grabmann**
Major **Kuprian**
Major **Wäntig**
Hauptmann **Schröter**
Hauptmann **Knüppel**
Oberfeldwebel **Fischer**
Oberfeldwebel **Franz**
Unteroffizier **Beilharz**

Die Tischordnung für den Mosaiksaal und den Speisesaal anläßlich des Empfangs und anschließenden Essens in der Reichskanzlei.

Nachdem er die in Spanien gewonnenen Erfahrungen in Berlin zu Papier gebracht hatte und somit entscheidend zu der neuen Jagdfliegervorschrift beigetragen hat, ging es in Urlaub. Mölders beim Frühstück in einer Pension in Garmisch-Partenkirchen.

Zurück in Wiesbaden als Staffelkapitän der 1. Staffel der I./Jagdgruppe 133 (spätere I./JG 53 „Pik As"). Ganz links Friedrich-Karl Müller (als Eichenlaubträger im Mai 1944 tödlich abgestürzt), rechts neben Mölders Hans von Hahn (Ritterkreuz am 9. 7. 1941).

Die drei erfolgreichsten Jagdflieger der „Legion Condor" (von links): Schellmann, 12 Luftsiege; Harro Harder, 11 Luftsiege; Mölders, 14 Luftsiege. Alle drei kamen leider im Zweiten Weltkrieg ums Leben.

Einsatz an der Westfront

Bei Ausbruch des Krieges lag Mölders mit seiner Staffel im Westen, um die dortigen Reichsgrenzen zu schützen. Bild oben: Mölders, Unbekannt und Hptm. Friedrich Beckh, der 1941 sein Nachfolger als Geschwaderkommodore wurde und seit dem 21. 6. 1942 vermißt ist.

Die Jagdstaffeln des JG 53 „Pik As" standen im sogenannten „Sitzkrieg" bis Mai 1940 voll ihren Mann. Sie waren in dem ihnen zur Grenzüberwachung zugeteilten Abschnitt Eifel–Saarbrücken ständig im Einsatz.

Französisches Jagdflugzeug Hawk 75 C-1, Curtiss „Mohawk“. Eine Maschine dieses Typs konnte Mölders als ersten Abschuß melden.

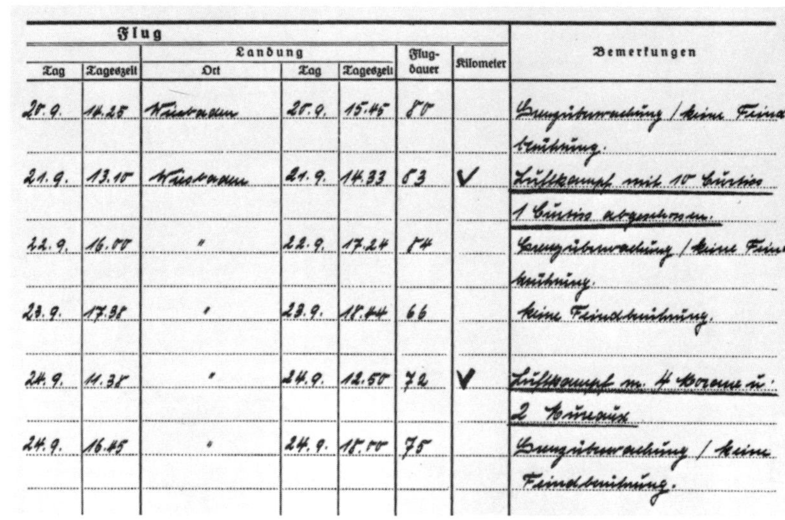

Flug		Landung			Flug-dauer	Kilometer	Bemerkungen
Tag	Tageszeit	Ort	Tag	Tageszeit			
20.9.	14.25	Wiesbaden	20.9.	15.45	80		Grenzüberwachung / keine Feindberührung.
21.9.	13.10	Wiesbaden	21.9.	14.33	83	✓	Luftkampf mit 10 Curtiss 1 Curtiss abgeschossen.
22.9.	16.00	"	22.9.	17.24	84		Grenzüberwachung / keine Feindberührung.
23.9.	17.38	"	23.9.	18.44	66		keine Feindberührung.
24.9.	11.38	"	24.9.	12.50	72	✓	Luftkampf m. 4 Morane u. 2 [illegible]
24.9.	16.45	"	24.9.	18.00	75		Grenzüberwachung / keine Feindberührung.

Am 20. September 1939 erzielte Mölders seinen 1. Luftsieg und erhielt hierfür das Eiserne Kreuz Zweiter Klasse; nach der EK-Verleihung vor seiner Bf 109-E mit dem Zeichen des JG 53 „Pik As“ auf der Motorhaube.

Die Erwähnung des 1. Abschusses in seinem Flugbuch. Allerdings wurde die Eintragung irrtümlich unter dem 21. 9. gemacht, während sein erster Abschuß nachweislich bereits am 20. September erfolgte! (Siehe den „Luftkampfbericht“ im Anschluß an die Abschußliste!)

Dieses Bild entstand bei einem kurzen Weihnachtsurlaub 1939 in Brandenburg/Havel.

Bei Klüsserath a. d. Mosel erringt Mölders am 30. 10. 1939 seinen 2. Abschuß, einen Bomber vom Typ Bristol „Blenheim“ (im Bild ein Verband dieser englischen Flugzeuge). Angehörige des Reichsarbeitsdienstes bei der Besichtigung der Überreste der Maschine.

Einsatzbesprechung mit seinen Flugzeugführern und Besuch bei den „Schwarzen Männern", die er besonders schätzte. Bild oben: 4. von links Uffz. Neuhoff (Ritterkreuz am 26. 6. 1942 nach 40 Luftsiegen), der die unten links abgebildete Urkunde erhielt.

Besitzzeugnis

Hiermit wird bestätigt, daß der

Unteroffizier N e u h o f f.

III./J.G.53, 7. Staffel

für besondere Leistungen mit dem

„Pik Aß"

Geschwaderabzeichen in Silber

ausgezeichnet wurde.

Gefechtsstand

den 15.11.39

Hauptmann und Gruppenkommandeur

26/39

Rechts: Mölders meldet seinem Kommodore die Einsatzbereitschaft seiner Gruppe, der III./JG 53 „Pik As".

Kurz vor Beginn des Frankreich-Feldzuges auf dem Fliegerhorst Wiesbaden-Erbenheim: Die Flugzeugführer der Gruppe (oben Offiziere und Unteroffiziere, unten nur die Offiziere). Viele dieser Jagdflieger wurden zu „Assen" ihrer Waffe. Mölders trägt hier bereits das EK I, das ihm nach seinem 7. Luftsieg am 2. 4. 1940 verliehen wurde.

Verleihung von Auszeichnungen durch Mölders an erfolgreiche Flugzeugführer (im Bildt Ltn. Altendorf) und verdiente Angehörige des Bodenpersonals. Rechts sein Adjutant Ltn. Radlick (gef. am 2. 10. 1940).

Lustige Gemälde und Sprüche am Werkstattzug der Gruppe, angebracht von den treuen „Schwarzen Männern", den Technikern der Waffen und Maschinen, die sich hier dem Fotografen zu einem Erinnerungsbild stellten.

Am 10. Mai 1940 begann der Feldzug gegen Frankreich. Auch die III./JG 53 unter der Führung von Mölders kam zum Einsatz und zu ersten Erfolgen. Mölders in seiner Bf 109-E kurz vor dem Start.

Luftkampfschilderung nach Rückkehr vom Feindflug. Mölders und seine Kameraden hören gespannt den Bericht des erfolgreichen Piloten.

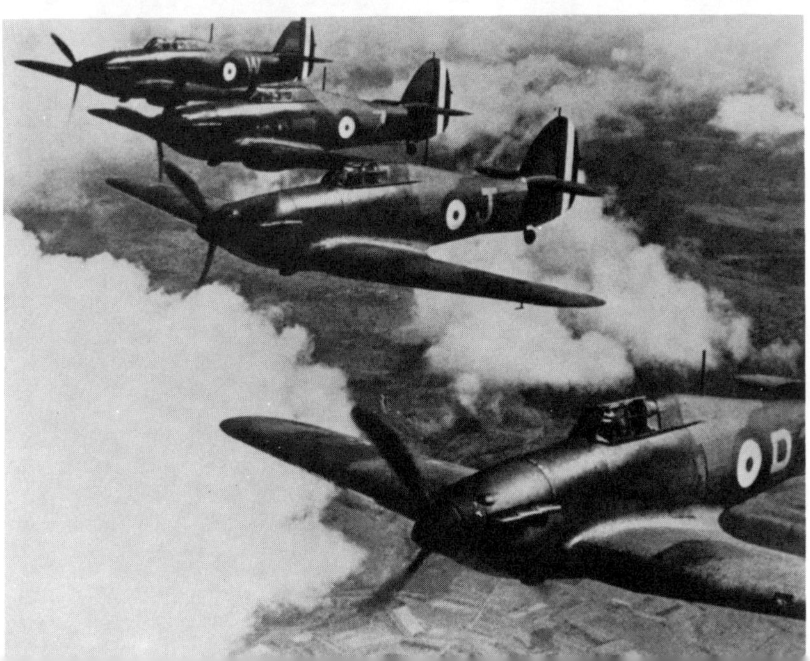

Ein britischer Hurricane-Verband über Frankreich. Auch Mölders hat zahlreiche Maschinen dieses Typs im harten Luftkampf besiegt.

Mölders in der Spanien-Kluft.

Am 21. Mai 1940 konnte Mölders während einer großen Luftschlacht drei franz. Morane-Jäger abschießen. Nach der Landung berichtete er dem Geschwaderkommodore (Oktober 1939–Juni 1940) Gen. Major Hans Klein (rechts). (Träger des Ordens „pour le mérite“ für 22 Luftsiege im I. Weltkrieg.)

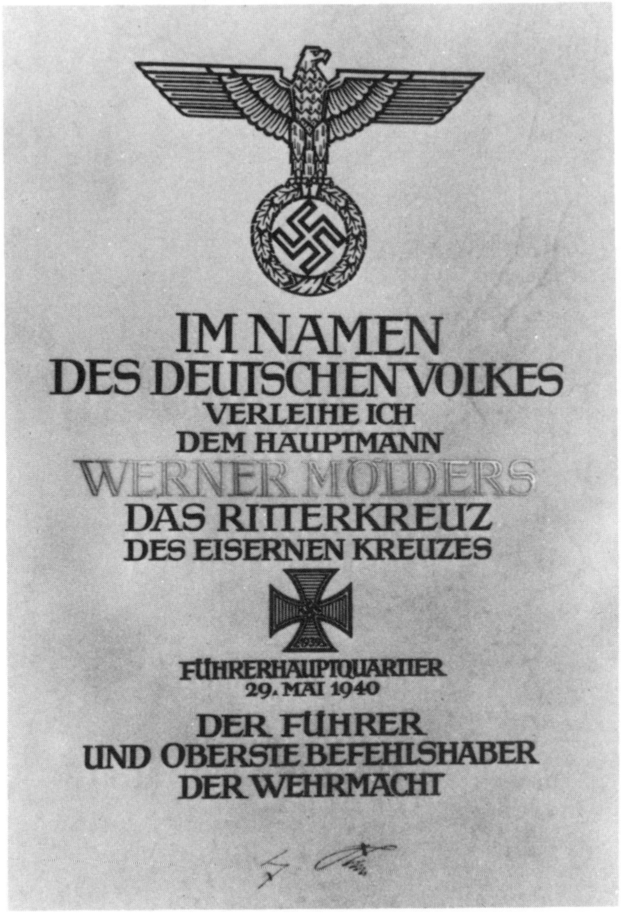
IM NAMEN
DES DEUTSCHEN VOLKES
VERLEIHE ICH
DEM HAUPTMANN
WERNER MÖLDERS
DAS RITTERKREUZ
DES EISERNEN KREUZES

FÜHRERHAUPTQUARTIER
29. MAI 1940

DER FÜHRER
UND OBERSTE BEFEHLSHABER
DER WEHRMACHT

Nach dem am 27. 5. 1940 im Raum südw. von Amiens erzielten 20. Luftsieg (ohne die 14 Spanien-Abschüsse) wurde er als erster Jagdflieger am 29. Mai 1940 mit dem Ritterkreuz des Eisernen Kreuzes ausgezeichnet.

Zwei von vielen Pressemeldungen, die von seinem 20. Luftsieg berichten:

Die Verluste des Gegners in der Luft betrugen am 28. 5. insgesamt 24 Flugzeuge, davon wurden im Luftkampf 16, durch Flak acht abgeschossen. Drei deutsche Flugzeuge werden vermißt. Hauptmann Mölders errang seinen 20. Luftsieg.

Hauptmann Mölders

hat sich durch persönliche Tapferkeit vor dem Feinde sowie kühnen und besonders erfolgreichen Einsatz seiner Jagdgruppe ausgezeichnet. Hauptmann Mölders hatte bereits bis zum 29. Mai 20 Luftsiege errungen.

Von der im Hauptquartier Görings stattgefundenen Überreichung des Ritterkreuzes sind keine Fotos vorhanden. Die Bilder zeigen Mölders nach der Rückkehr zur Gruppe, frisch dekoriert mit dem „Dödel", wie das Ritterkreuz bei der Luftwaffe genannt wurde. Auf dem Seitenleitwerk seiner Maschine fehlen noch die Abschußbalken Nr. 19 und 20 für die am 27. Mai erkämpften Luftsiege.

Die Freude bei seinem „Haufen“ war natürlich riesengroß, und das stolze Ereignis wurde von allen dann auch entsprechend gefeiert.

Das offizielle Foto von „Vati“ Mölders, dem ersten Ritterkreuzträger der deutschen Jagdwaffe.

Am 31. Mai 1940 gelang es Hptm. Mölders im Raum Abbéville-Amiens, diese französische Maschine vom Typ LeO 45 abzuschießen. Soldaten des Heeres, die in der Nähe der Absturzstelle weilten, machten einige Bilder und ließen sie Mölders zukommen.

Blick auf einen der Feldflugplätze des JG 53 während des Frankreich-Feldzuges. Im Hintergrund landet gerade die als Sanitätsflugzeug verwendete A 34 „Hindenburg“.

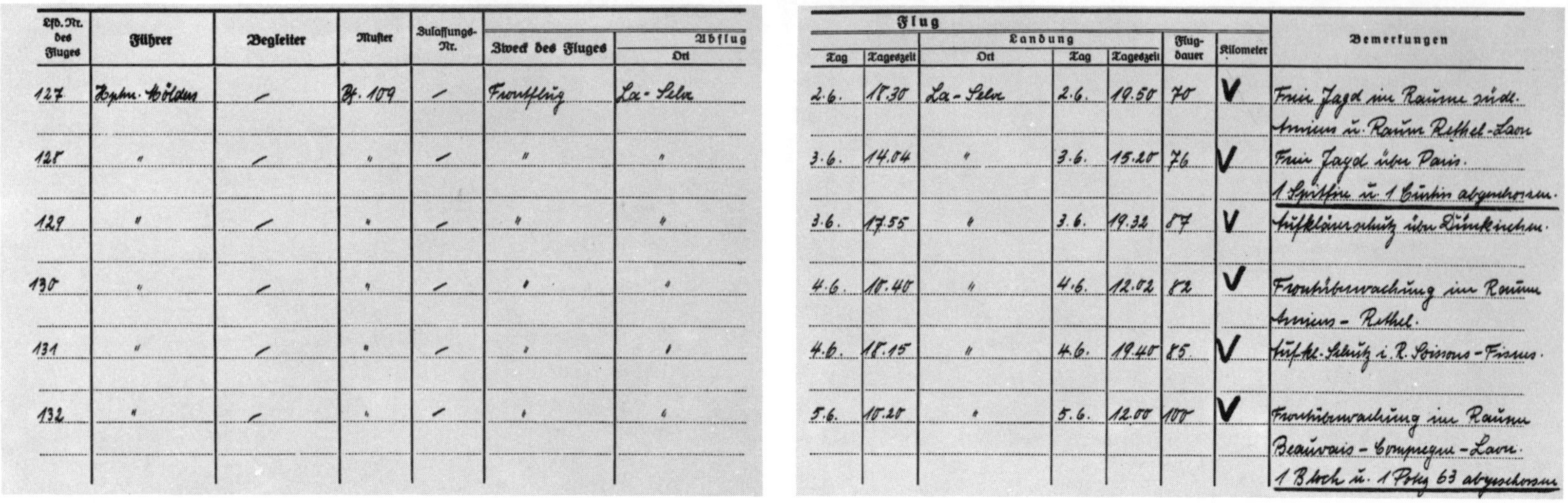

Lfd. Nr. des Fluges	Führer	Begleiter	Muster	Zulassungs-Nr.	Zweck des Fluges	Abflug Ort	Abflug Tag	Abflug Tageszeit	Landung Ort	Landung Tag	Landung Tageszeit	Flugdauer	Kilometer	Bemerkungen
127	Hptm. Mölders	–	Bf. 109	–	Frontflug	La-Selve	2.6.	18.30	La-Selve	2.6.	19.50	70	V	Frei Jagd im Raume südl. Amiens u. Raum Rethel-Laon
128	"	–	"	–	"	"	3.6.	14.04	"	3.6.	15.20	76	V	Frei Jagd über Paris. 1 Spitfire u. 1 Curtiss abgeschossen.
129	"	–	"	–	"	"	3.6.	17.55	"	3.6.	19.32	87	V	Aufklärerschutz über Dünkirchen.
130	"	–	"	–	"	"	4.6.	10.40	"	4.6.	12.02	82	V	Frontüberwachung im Raume Amiens – Rethel.
131	"	–	"	–	"	"	4.6.	18.15	"	4.6.	19.40	85	V	Aufkl.-Schutz i. R. Soissons – Fismes.
132	"	–	"	–	"	"	5.6.	10.20	"	5.6.	12.00	100	V	Frontüberwachung im Raume Beauvais – Compiegne – Laon. 1 Bloch u. 1 Potez 63 abgeschossen

Unter dem 5. 6. 1940 sind im Flugbuch von Mölders die letzten zwei Luftsiege, die er im Westfeldzug errungen hat, eingetragen.

Es waren zwei französische Flugzeuge, eine Jagdmaschine vom Typ Bloch 152 (24. Abschuß)

... und ein Aufklärer Potez 63 (25. Abschuß).

Eines der letzten Foto von Mölders, kurz vor seinem Abschuß und der anschließenden Gefangenschaft.

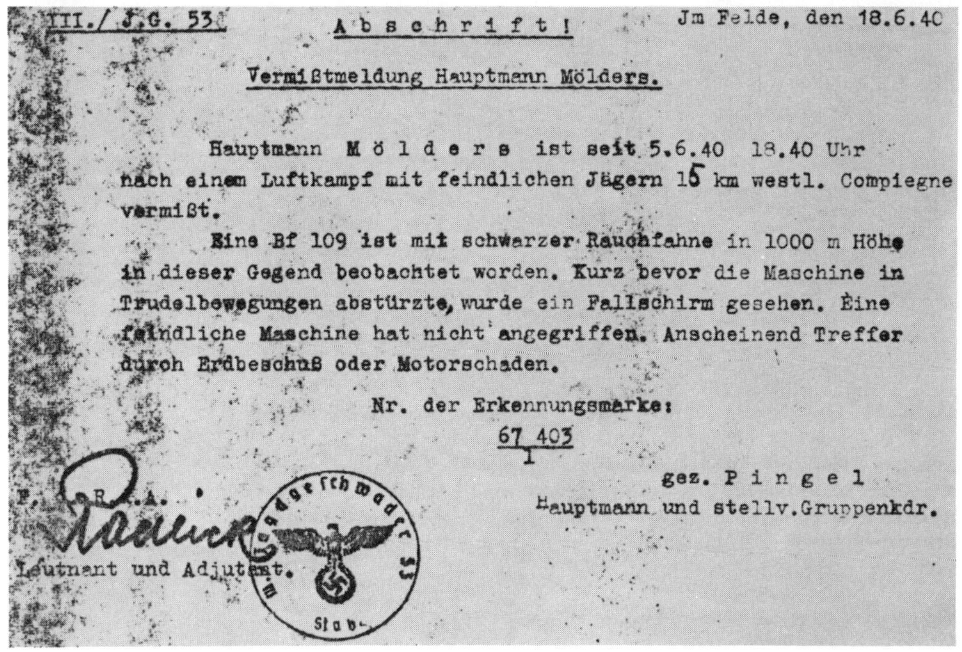

III./ J.G. 53 Abschrift! Jm Felde, den 18.6.40

Vermißtmeldung Hauptmann Mölders.

Hauptmann Mölders ist seit 5.6.40 18.40 Uhr nach einem Luftkampf mit feindlichen Jägern 15 km westl. Compiegne vermißt.

Eine Bf 109 ist mit schwarzer Rauchfahne in 1000 m Höhe in dieser Gegend beobachtet worden. Kurz bevor die Maschine in Trudelbewegungen abstürzte, wurde ein Fallschirm gesehen. Eine feindliche Maschine hat nicht angegriffen. Anscheinend Treffer durch Erdbeschuß oder Motorschaden.

Nr. der Erkennungsmarke:

67 403
I

gez. Pingel
Hauptmann und stellv. Gruppenkdr.

F.d.R.d.A.
Radick
Leutnant und Adjutant.

Oben: Mit dieser Bf 109 E-3, mit der er am Vormittag des 5. Juni noch die zwei schon erwähnten Abschüsse erzielt hatte, wurde er im Luftkampf von dem franz. Ltn. Pommier-Layrargues selbst abgeschossen.

Darunter: Mölders, der sich aus der brennenden Maschine mit dem Fallschirm retten konnte, galt zunächst als vermißt, wie diese Meldung nachweist.

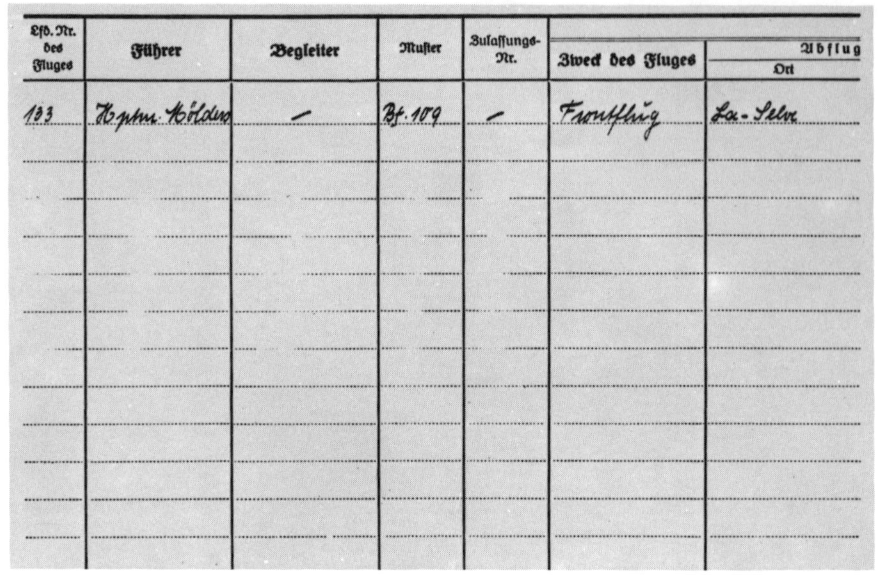

Lfd. Nr. des Fluges	Führer	Begleiter	Muster	Zulassungs-Nr.	Zweck des Fluges	Abflug Ort
133	Hptm. Mölders	–	Bf. 109	–	Frontflug	La-Selve

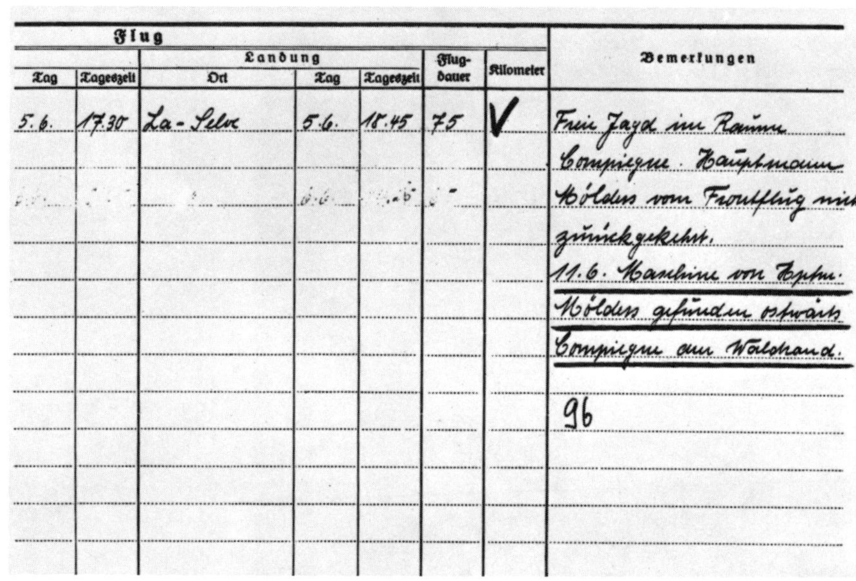

Flug: Tag	Tageszeit	Landung: Ort	Tag	Tageszeit	Flugdauer	Kilometer	Bemerkungen
5.6.	17.30	La-Selve	5.6.	18.45	75	✓	Frei Jagd im Raum Compiegne. Hauptmann Mölders vom Frontflug nicht zurückgekehrt. 11.6. Maschine von Hptm. Mölders gefunden ostwärts Compiegne am Waldrand.
							96

Mölders Bezwinger, Sous-Lieutenant Pommier-Layrargues (24 Jahre alt). Er brachte bei diesem Luftkampf noch eine weitere Bf 109 zum Absturz und wurde dann mit seiner Dewoitine 520 (Nr. 266) selbst tödlich abgeschossen; Aufschlagbrand im Außenviertel von Marissel bei Beauvais.

Rechts: Die letzten Eintragungen in Mölders Flugbuch.

Eine Dewoitine 520, das beste französische Jagdflugzeug im Zweiten Weltkrieg (910 PS-Motor, Höchstgeschwindigkeit 525 km, eine 20 mm Kanone und 4 MG, 1230 km Reichweite).

Einsatz am Kanal

Rechts: Nach Rückkehr aus der Gefangenschaft (30. 6. 1940) wurde Mölders am 19. Juli 1940 mit sofortiger Wirkung bevorzugt zum Major befördert.

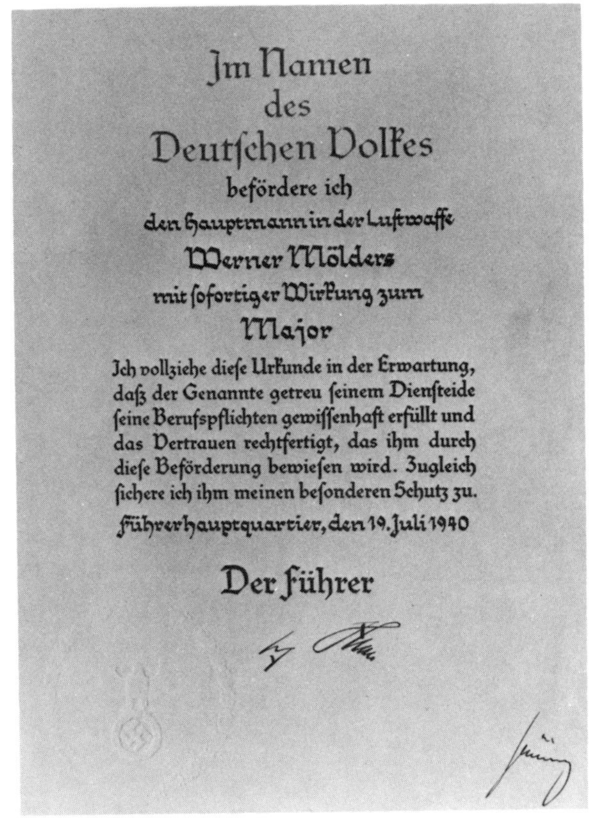

Im Namen
des
Deutschen Volkes
befördere ich
den Hauptmann in der Luftwaffe
Werner Mölders
mit sofortiger Wirkung zum
Major

Ich vollziehe diese Urkunde in der Erwartung, daß der Genannte getreu seinem Diensteide seine Berufspflichten gewissenhaft erfüllt und das Vertrauen rechtfertigt, das ihm durch diese Beförderung bewiesen wird. Zugleich sichere ich ihm meinen besonderen Schutz zu.

Führerhauptquartier, den 19. Juli 1940

Der Führer

Am 20. Juli wird er zum Kommodore des JG 51 und Nachfolger von Osterkamp ernannt. Nach Verabschiedung durch den Platzkommandanten, Major Schuster, geht es mit einer Messerschmitt Bf 108 „Taifun“ an die Kanalfront.

Nach seiner Ankunft am Kanal wird Mölders u.a. auch sehr herzlich von Major Adolf Galland, zu dieser Zeit Kdr. III./JG 26 „Schlageter“ (ab 22. 8. 1940 Geschwaderkommodore), empfangen, wobei Erinnerungen und Erfahrungen ausgetauscht werden.

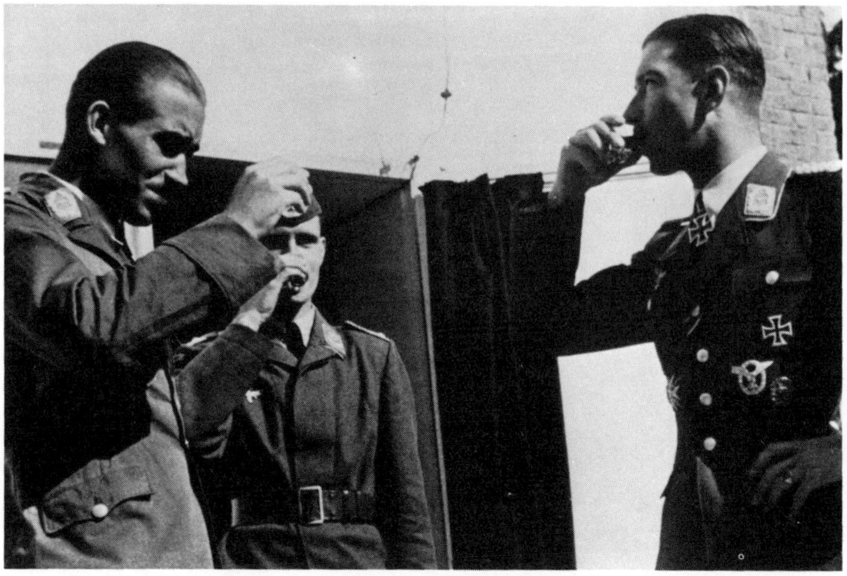

Ab 28. Juli stand er am Kanal und über England wieder im Einsatz. Mölders kurz vor dem Start bzw. nach Rückkehr vom Englandeinsatz. Deutlich sind die Spuren des harten Kampfes mit den englischen Jägern über der Insel in seinem Gesicht zu sehen.

Sgt. John Burgess von der 222. Squadron in seiner Spitfire ZD-P. Er schoß am 29. 10. 1940 die Bf 109 von Ritterkreuzträger Obltn. Otto Hintze von der 3./E-Gruppe 210 ab. Hintze, der in Gefangenschaft geriet, war ein alter Kamerad von Mölders aus der Zeit bei der Jagdgruppe 134 in Werl.

Ein Bomber-Verband vom Typ Do 17 Z fliegt Richtung England.

So zeichnete ein Kriegsberichterstatter der Luftwaffe die Begleitjäger Bf 109 und ihre Schützlinge, die Bomber He 111, bei ihrem Englandeinsatz.

Rechts: Während der „Luftschlacht um England" beobachtet der Reichsmarschall auf Cap Gris Nez den Anflug seiner Verbände und die Luftkämpfe über der Insel. Neben Göring Gen. Feldmarschall Kesselring, seinerzeit Chef der Luftflotte 2.

Knapp über dem Wasser fliegt eine Rotte Bf 109 über den Kanal ihrem Ziel auf der Insel entgegen.

Bf 109 E-4 vor der englischen Steilküste.

Unten links: Die Deutschen kommen! Alarm auf einem englischen Flugplatz, im Laufschritt geht es an die Maschinen.

Rechts: Die Kondensstreifen der deutschen und englischen Verbände weithin sichtbar am Himmel über England.

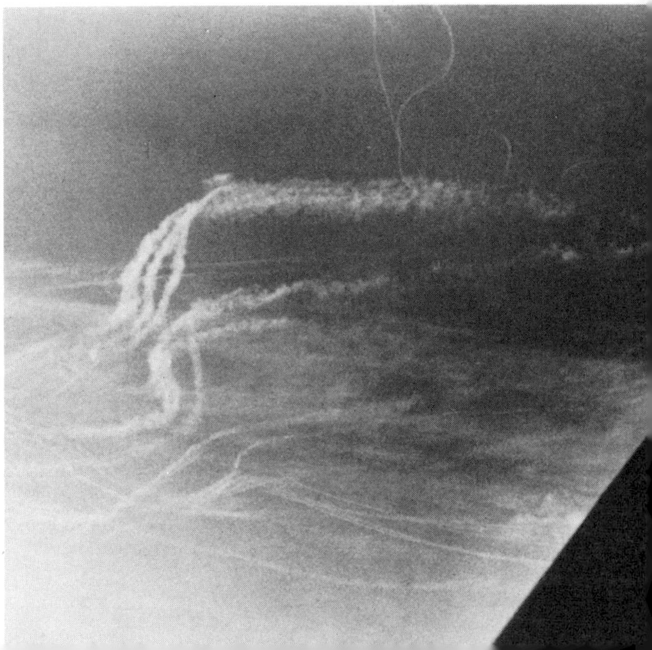

Vom Englandeinsatz erfolgreich zurück! Wackelnd überfliegen die Messerschmittjäger den Platz, während Mölders und sein „Katschmarek“, Obltn. Claus, bereits gelandet sind und ausrollen.

Erste Worte nach der Landung zu seinen hervorragenden Warten und treuen Männern des Bodenpersonals, ehe er aus der Maschine steigt.

Auch Obltn. Claus hat einen Abschuß erzielt und wird von seinen Männern freudig begrüßt.

Umringt von Zuhörern berichten Mölders und Claus von ihrem Einsatz über der Insel.

Hptm. Tietzen, St.Kpt. der 5./JG 51, kehrte am 18. 8. 1940 vom Einsatz nicht zurück. Er wurde später bei Calais tot angeschwemmt. 27 Luftsiege, davon 7 in Spanien hatte er erzielt. Nachträglich ehrte man ihn mit der Verleihung des Ritterkreuzes.

Der strahlende, lachende „Vati“ Mölders, so kannten und liebten ihn seine Männer.

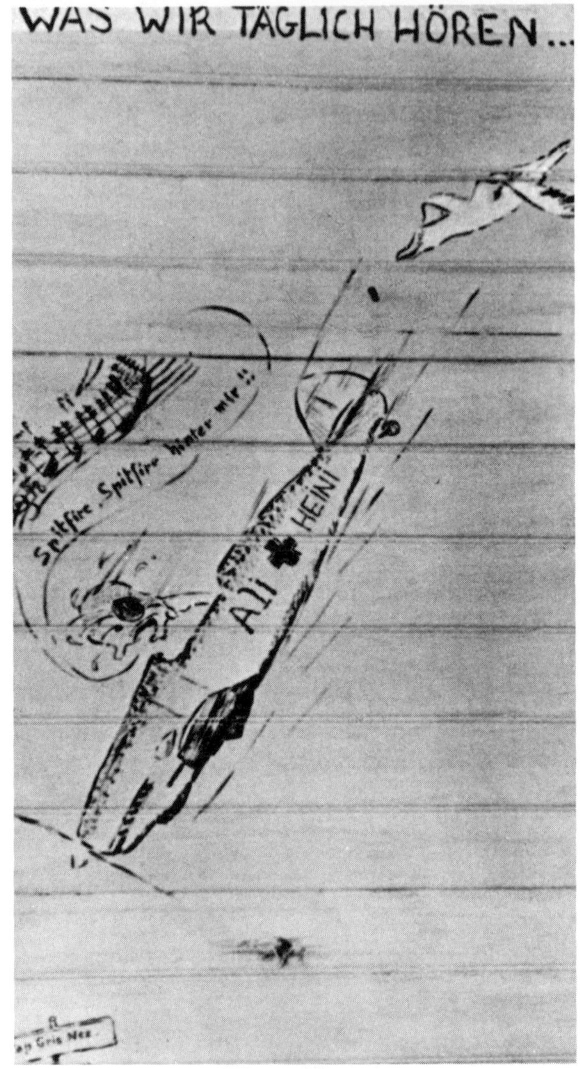

Trotz der harten Einsätze über der Insel und dem Kanal verloren die Flieger ihren Humor nicht, wie die Zeichnung rechts an einer Staffelunterkunft des JG 51 beweist.

Rechte Seite:
Sie schützen ihre Heimat! Hawker Hurricane der 85. Squadron im Anflug auf die Bomber- und Jagdverbände der Luftwaffe.

Wieder ist ein Gegner bezwungen! Es war der 32. Abschuß, am 31. 8. 1940 erzielt. Sorgfältig malt der Wart den 32. Balken auf das Seitenleitwerk.

Mölders (ganz rechts) kurz vor dem Start zum Feindflug in angeregter Unterhaltung mit seinen Flugzeugführern. Alle tragen bereits die Schwimmweste.

Vom Englandeinsatz zurück. Rechts – in Lederjacke – sein Bruder Victor, St.Kpt. der Jabo-Staffel des JG 51 (9 Luftsiege als Zerstörer, Teilnehmer am Polen-, Norwegen- und Frankreichfeldzug sowie bei der Nachtjagd). Er wurde am 7. 10. 1940 bei einem Jagdbombereinsatz abgeschossen und geriet in englische Gefangenschaft.

So wie der Kommodore wurden auch alle anderen Kameraden nach Rückkehr von der Insel freudig begrüßt und alle hörten gespannt zu, wenn sie über ihren Einsatz berichteten. Hier ein Unteroffizier der III./JG 51, dessen Name leider nicht bekannt ist.

Wie beim JG 51 war es auch bei allen anderen Einheiten der Jagdwaffe, die am Kanal im Einsatz standen. Hptm. Wick schildert einen Luftkampf. Als Kommodore des JG 2 „Richthofen“ wurde er am 28. 11. 1940 nach 56 Luftsiegen selbst abgeschossen und ist nach Fallschirmabsprung ins Meer südl. der Insel Wight vermißt. Rechts Obltn. Leie, nach 118 Luftsiegen am 7. 3. 1945 im Osten gefallen.

Links: Obltn. „Joschko“ Fözö (links) und Ltn. Hohagen, von der II./JG 51 nach dem Einsatz. Beide wurden sehr erfolgreiche Jagdflieger und erhielten das Ritterkreuz.

Rechts: EK I-Verleihung durch Mölders an erfolgreiche Flugzeugführer seines Geschwaders (alles Unteroffiziersdienstgrade). Hptm. Laumann (links) scheint die Echtheit des Ordens allerdings vorher noch zu überprüfen!!

September 1940: Gen.Oberst Udet, der große Jagdflieger des I. Weltkrieges und hervorragende Kunstflieger, besucht seine jungen Jagdfliegerkameraden am Kanal, die jetzt selbst zu den „Assen" ihrer Waffe zählen. Von links nach rechts: Balthasar, Oesau, Galland, Udet, Mölders und Pingel. Nur Galland und Pingel, der in englische Gefangenschaft geriet, überlebten den Krieg!

Für alle der hervorragend kämpfenden Jagdflieger Englands mögen die nachstehend gewürdigten „Asse" der Gegner stehen. James Edgar Johnson („Johnny" J.), Geschwaderkommodore, mit 38 Luftsiegen das größte „As" der RAF, Inhaber höchster Auszeichnungen.

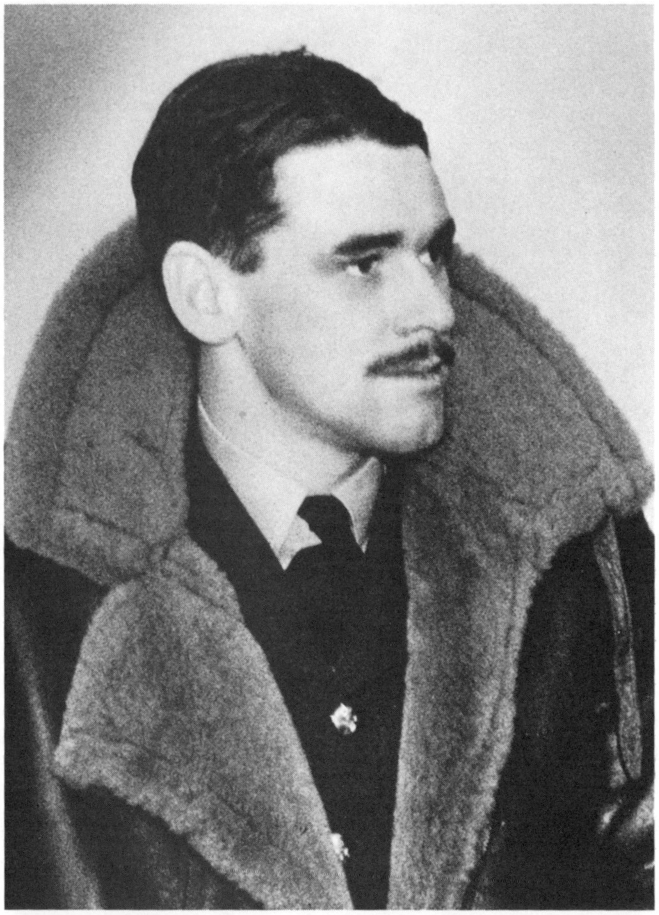

Flight Lieutenant Mungo-Park, 27 Luftsiege, gefallen am 1. Juli 1941.

Unten links: Wing Commander in Hawkinge (Geschwaderkommodore), Michael Nicolson Crossley, 22 Luftsiege.

Rechts: Group Captain Adolphus Gysbert Malan („Sailor“ Malan). Zusammen mit dem am 14. 7. 1942 gefallenen Wing Commander Finucane steht er mit 32 Luftsiegen an zweiter Stelle der erfolgreichsten Jagdflieger der RAF des II. Weltkrieges.

Am 20. 9. 1940 schoß Mölders bei Dungeness zwei Spitfire der 92. Sqn. ab und erzielte damit als erster deutscher Jagdflieger seinen 40. Luftsieg in diesem Krieg. Für diese Leistung und die hervorragenden Erfolge seines Geschwaders erhielt er am 21. 9. 1940 als zweiter Soldat der Wehrmacht (nach General Dietl) das Eichenlaub zum Ritterkreuz des Eisernen Kreuzes verliehen. Die Überreichung durch Hitler erfolgte am Sonntag, den 23. 9. 1940 in der Neuen Reichskanzlei in Berlin.

dnb. **Berlin, 23. Sept.** Der Führer und Oberste Befehlshaber der Wehrmacht hat dem Major Mölders anläßlich seines 40. Luftsieges das Eichenlaub zum Ritterkreuz des Eisernen Kreuzes verliehen. Der Führer hat an Major Mölders das folgende Telegramm gerichtet: „In dankbarer Würdigung Ihres heldenhaften Einsatzes im Kampf für die Zukunft unseres Volkes verleihe ich Ihnen zu Ihrem 40. Luftsieg als zweitem Offizier der deutschen Wehrmacht das Eichenlaub zum Ritterkreuz des Eisernen Kreuzes."

Der Chef der Luftflotte 3
und Befehlshaber West

Den 22. Sept. 1940.

Lieber Mölders!

Herzlichen Glückwunsch zur Verleihung des Eichenlaubs zum Ritterkreuz des Eisernen Kreuzes.

Heil Hitler!

Eine der vielen Pressemeldungen sowie je ein Brief und Telegramm von unzähligen, die Werner Mölders zu diesem Ereignis erhielt.

* 23 Telegramm

Deutsche Reichspost

aus 23 BRANDENBURGHAVEL F 33/32 25 1000 =

Aufgenommen Tag: 25 Monat: IX. Jahr: 40 Zeit: 14 28

von: Bln durch:

Amt Köln

HERRN MAJOR MOELDERS
POSTLEITPUNKLUFTGAUPOSTAMT
BRUESSEL FELDPOSTNR 33465 =

Übermittelt Tag: Zeit: an: durch:

ZUM 40 LUFTSIEG UND DER DAMIT VERBUNDENEN VERLEIHUNG DES EICHENLAUBS ZUM RITTERKREUZ HERZLICHE GLUECKWUENSCHE =
DIE HEIMATSTADT BRANDENBURG UND ALLE EINWOHNER HEIL HITLER IN TREUER VERBUNDENHEIT = DR SIEVERS OBERBUERGERMEISTER +

33465 40 +

Für dienstliche Rückfragen

6. 40 20000

X C 187 DIN A 5

Nach der Eichenlaubverleihung erhielt Mölders von Göring, der auch Reichsjägermeister war, eine Einladung zur Jagd. Mölders weilte einige Tage in Görings Jagdhaus in der Rominter Heide. In den oberen Bildern in Zivil Gen. Feldmarschall Milch. Im Bild unten, links neben Göring, Gen.Oberst Ernst Udet.

Der „Reichsjägermeister“ und seine Begleiter vor dem Jagdhaus. Bild oben: Mölders, links mit umgehängten Jagdgewehr. Unten: Zweiter von rechts, mit Fernglas.

Bereits Ende September war Mölders wieder beim Geschwader am Kanal. Begrüßung von Ltn. Meyer, der soeben vom erfolgreichen Einsatz über England zurückgekehrt ist. Später wurde er abgeschossen und geriet in englische Gefangenschaft.

Ernst und konzentriert hört Mölders den Bericht, was während seiner Abwesenheit bei der Stabsstaffel geschehen ist. Links im Bild das Seitenleitwerk seiner Bf 109 mit den Abschußmarkierungen.

Der Reichsmarschall besucht das Geschwader am Kanal. Von links nach rechts: Ltn. „Bubi“ Kunze, Hptm. Muß, Göring, Gen.Oberst Loerzer und Mölders.

Mölders und Hptm. Oesau, zu dieser Zeit Staffelkapitän der 7./JG 51. Oesau, der schon in Spanien in der Staffel von Mölders war, ist am 11. 5. 1944 als Oberst und Kommodore des JG 1 nach 125 Luftsiegen über der Eifel im Luftkampf mit Lightning gefallen.

Im ernsten Gespräch mit Günther („Franzl") Lützow, einer der profiliertesten Persönlichkeiten der deutschen Jagdfliegerei. Auch er überlebte den Krieg leider nicht. Als Oberst und Angehöriger des JV 44 – Galland – ist er seit dem 24. 4. 1945 mit seiner Me 262 im Raum Donauwörth vermißt.

Kommodorebesprechung beim Reichsmarschall. Von links nach rechts: Major Bloedorn, KG 4; Major Storp, KG 76; Oberstltn. Galland, JG 26; Reichsmarschall Göring, Oberstltn. Mölders, JG 51; Major Wick, JG 2.

Zu den vielen überragenden deutschen Jagdfliegern, die durch und mit Mölders zu Experten ihrer Waffe wurden, zählt auch Josef („Pips“) Priller. Seine Staffel, die 6./JG 51, zeichnete ihm das Glückwunschplakat links unten anläßlich seines 20. Luftsieges und der Ritterkreuzverleihung am 19. 10. 1940. Priller errang insgesamt 101 Luftsiege im Westen, darunter 11 Viermots. Er war damit einer der wenigen, die über 100 Westabschüsse erzielen konnte.

Ganz rechts: Mölders erfreute sich nicht nur bei seinen Männern der größten Wertschätzung und Hochachtung als Mensch und Offizier. Auch im Ausland, besonders im befreundeten Spanien, stand er in hohem Ansehen, was u.a. die vielen Briefe beweisen, die er von dort erhielt. Einer davon ist hier wiedergegeben.

PRESIDENCIA DEL GOBIERNO
FISCALIA SUPERIOR DE TASAS

SECCION DE JUSTICIA

Número .... Privat.

Madrid, den 17. Oktober 1940.

Herrn Mayor Moelders.
Luftfahrtministerium.

Wehrter Herr Mayor: Im Angedenken an den sch¨onen Stunden, die ich mit Ihnen verbracht habe, im unseren Kriege, als Sie der Führer des Geschwaders in La Cenia waren, verfolge ich Tag für Tag ihre Erfolge, durch den einzigen Erkundigungsmittel, den ich zur Hand habe, die Presse.

Seit Langem ersehnte ich, ihrer Beförderung und ihrer Luftsiege wegen, Ihnen zu beglückwünschen, und noch mehr belebte sich dieser Wille, als ich vor Kurzem las, dass Sie mit der teuersten Würde ihres Vaterlandes ausgezeichnet wurden, und ihren 47. Luftsieg errungen hatten.

Dank der Liebenswürdigkeit eines Kameraden, der ihre Sprache kennt, werde ich durch ihre Botschaft in Madrid versuchen, Ihnen den herzlichsten Glückwunsch des mexikanischen Kavallerie-Leutnants mitzuteilen, welcher in der 105. Division Ihnen zu verehren wusste, und welchen Sie ehrten sogar zu Tisch einzuladen.

Ich will nicht lang sein, also empfangen Sie mit diesen wenigen Worten meine volle Hochachtung, und den Wunsch, dass die Reichsflagge bald über ganz England siegreich wehe.

Immer zu Befehl,

Pablo Sanchez-Juarez Larque

(Pablo Sanchez-Juárez Larque)
Leutnant der Kavallerie - Kriegsverletzter.

P.D. Zugleich biete Ich Ihnen mein Haus an, Strasse Núñez de Balboa, nº 80, bajo, izq., wo Sie beste Freunde finden.

Die „Schwarzen Männer“ bei der Wartung seiner Maschine. Zu ihnen, den „Schwarzen Jungs“, wie er zu sagen pflegte, hatte er ein besonders gutes Verhältnis und immer ein offenes Ohr für ihre Probleme. So ist es kein Wunder, daß sie „ihren Vati“ genauso verehrten wie dies die Männer des Fliegenden Personals taten.

51 Abschußmarkierungen auf seinem Seitenleitwerk! Die letzten drei Luftsiege erzielte er am 22. 10. 1940 NW Maidstone (Nr. 49–51). Nicht aufgeführt sind die in Spanien erzielten Abschüsse, denn den Piloten war es untersagt, diese aufzumalen.

Nach seinem 50. Luftsieg wurde Mölders bevorzugt zum Oberstleutnant befördert. Gen.Major Osterkamp („Onkel Theo“), Jagdfliegerführer am Kanal, gratuliert und läßt sich über den letzten Einsatz berichten. Im Kreis der Zuhörer und Gratulanten auch Walter Oesau (Bildmitte), Kommandeur der III./JG 51.

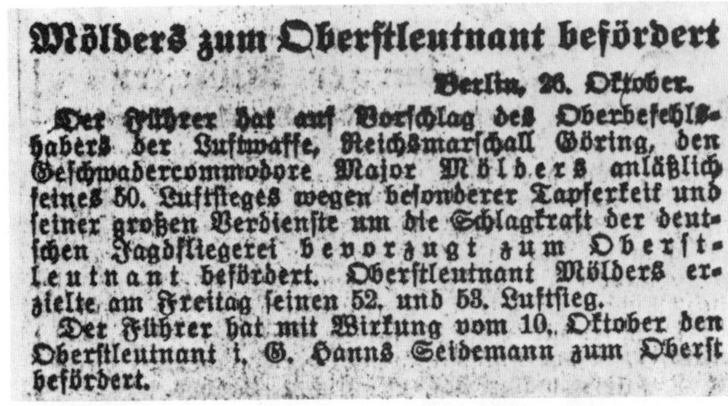

Mölders zum Oberstleutnant befördert

Berlin, 26. Oktober.

Der Führer hat auf Vorschlag des Oberbefehlshabers der Luftwaffe, Reichsmarschall Göring, den Geschwadercommodore Major Mölders anläßlich seines 50. Luftsieges wegen besonderer Tapferkeit und seiner großen Verdienste um die Schlagkraft der deutschen Jagdfliegerei bevorzugt zum Oberstleutnant befördert. Oberstleutnant Mölders erzielte am Freitag seinen 52. und 53. Luftsieg.

Der Führer hat mit Wirkung vom 10. Oktober den Oberstleutnant i. G. Hanns Seidemann zum Oberst befördert.

Auch italienische Fliegeroffiziere, die die deutschen Jäger am Kanal besuchen, finden sich kurze Zeit später zur Gratulation ein. Mölders im Gespräch mit einem dieser italienischen Kameraden.

Ende Oktober 1940 besuchte Gen.Feldmarschall Kesselring das JG 51. Im Hintergrund sein Reiseflugzeug, eine Siebel Si 104, mit der auf der Maschine gehißten Kommandoflagge des Chefs einer Luftflotte.

Kesselring im Gespräch mit einem der Piloten. Links neben Mölders General d. Flg. Wenninger, Träger des „Pour le Mérite" des I. Weltkrieges, den er am 30. 3. 1918 als erfolgreicher U-Boot-Kommandant erhielt! (Er wechselte noch vor Kriegsausbruch 1939 zur Luftwaffe über.)

In fröhlicher Laune stellten sich Kesselring, Mölders und der Geschwaderstab dem Fotografen zum Erinnerungsfoto. Zweiter von links: Feldwebel Fleig, der Rottenflieger von Mölders.

Das ist noch einmal gutgegangen! Mölders nach Rückkehr vom Englandeinsatz mit Treffer in der Kabine, haarscharf am Kopf vorbei.

Sieg reiht sich an Sieg. Das Seitenleitwerk am 29. Oktober 1940 nach 54 Abschüssen.

Fröhliches Gespräch mit seinem „Katschmarek“, Feldwebel Erwin Fleig. Mit dem Ritterkreuz ausgezeichnet und zum Leutnant befördert, mußte Fleig nach 66 Luftsiegen am 29. 5. 1942 bei Szokoloje (Rußland) nach Treffern in der Maschine aussteigen und geriet nach seinem Fallschirmabsprung in langjährige Gefangenschaft.

Mölders in seinem Gefechtsstand am Feldtelefon.

Am 11. November 1940 verlor Mölders seinen besten Freund und Kameraden, Obltn. „Schorse“ Claus, zu dieser Zeit St.Kpt. der 1./JG 51 (Claus neben Mölders im Bild). Nach 27 Luftsiegen kehrte er von einem Begleitschutzauftrag nach Luftkampf mit Spitfire über der Themsemündung nicht zurück und ist seitdem vermißt.

Wochen vorher war sein Bruder Victor (rechtes Bild) in Gefangenschaft geraten. Das Foto links zeigt einen sehr ernsten, ja direkt gezeichneten Kommodore.

Zum Ausgleich zwischen den schweren und verlustreichen Einsätzen über England und dem Kanal gingen die Jagdflieger hin und wieder auf die Jagd. Wie man hier sieht, mit gutem Erfolg. Im oberen Bild links hinter Mölders Obltn. Leppla, rechts neben Mölders „Hannes" Trautloft und Rolf Pingel.

Und noch zwei Schnappschüsse von diesem Jagdausflug, an dem u.a. auch Oberstltn. Galland (im unteren Foto in der Bildmitte) teilnahm. Im oberen Foto neben Mölders Rolf Pingel und rechts „Hannes" Trautloft, der auch im unteren Bild zu sehen ist. Auf diesem Bild ganz rechts Frhr. von Maltzahn und links außen Herbert Wehnelt.

Ramcke, Oberst. Zeithain, den 4. Dez. 1940.

An den
Geschwaderkommodore
Herrn Oberstleutnant Mölders,
Ritter des Ritterkreuzes zum Eisernen Kreuz
mit Eichenlaub.

Lieber Herr Mölders!

Unlängst traf ich bei einem Dienst in der Fallschirmtruppe, der ich seit Juli d. J. angehöre, den Major und Gruppenkommandeur Erdmann, der sich z. Zt. in Tutow befindet und wir erinnerten uns mit Freude und stolzer Genugtuung des einstigen Fahnenjunkers in der 11. Komp. des I.R. 2 in Lötzen, deren alter Chef ich damals war.

Wenn Sie, lieber Herr Mölders, auch nur eine kurze Gastrolle bei meiner Komp. gegeben haben, so erinnere ich mich genauestens des ganz besonders frischen und strammen Fahnenjunkers Mölders und ich bin stolz darauf, daß Sie als nunmehr weit über Deutschland hinaus bekannter Jagdflieger, in meiner Komp. als Fahnenjunker Dienst getan haben.

Ich nehme daher, wenn auch verspätet, in aufrichtiger Freude Gelegenheit, Ihnen zu Ihrer ruhmvollen Laufbahn in der Luftwaffe und zu Ihren glänzenden Erfolgen im Kampfe in Spanien, Frankreich und über England meine allerherzlichsten Glückwünsche darzubringen. Möge ein gütiger Himmel Ihnen weiterhin so große Kampferfolge und damit Ruhm und Ehre beschieden sein lassen und vor allem dahin gnädig sein, daß Sie nach dem Endkampf und Sieg über den Engländer, gesund in Ihre Heimat zurückkehren können.

In kameradschaftlicher Verbundenheit bin ich

Ihr Ramcke.

Zum Julfest (Wintersonnenwende) am 21./22. 12. 1940 stieg bei den Jägern am Kanal ein großes Fest, und Mölders erhielt ein schönes Schwert und die hier abgebildete Urkunde durch den „Kanalkampfführer" (Kanalkafü) „Onkel Theo" Osterkamp überreicht.

Oberst Ramcke, der Verfasser dieses Briefes, war 1944 General der Fallschirmtruppe und wurde, wie Mölders, mit den „Brillanten" ausgezeichnet. Und noch eine Parallele zu Mölders gibt es. Wie er, so wurde auch Ramcke von seinen Männern sehr verehrt und geachtet und „Vater Ramcke" genannt!

Skiurlaub in Zürs am Arlberg:
Fröhliche, strahlende Gesichter! Mit dem Pferde-Schlitten gehts vom Hotel zur Piste. Neben Mölders im Schlitten Hptm. Balfanz.

In dieser herrlichen Landschaft, am weißen Arlberg, erholten sich die Männer des JG 51 von den Strapazen der harten Einsätze am Kanal.

Mölders war ein begeisterter Skiläufer und unermüdlich auf den Skiern unterwegs. Auch der Spaß kam dabei nicht zu kurz, denn wie man sieht, läßt er sich von dem feschen Skihasen auch mal richtig „einreiben“.

Während dieses Urlaubs wurde Mölders auch mehrmals zur Jagd in die tiefverschneiten Bergwälder bei Lech am Arlberg eingeladen. Bei diesen Pirschgängen auf Ski entstanden diese Bilder.

Vor dem „Zürserhof“ beim Anschnallen der Ski. Mutti Mölders, die zu Besuch gekommen ist, gibt gute Ratschläge mit auf den Weg.

Unten links: Fröhliches „Fachsimpeln“ mit seinem Rottenflieger Erwin Fleig ...; rechts: ... und mit der Olympiasiegerin (1936) und Weltmeisterin (1937–39) Christl Cranz-Borchers. In der Mitte Karlfried Nordmann, später Eichenlaubträger und Kommodore des JG 51 „Mölders“.

Am 9. Januar 1941 veranstaltete die Gemeinde Zürs im Hotel „Alpenrose“ einen schönen und fröhlich verlaufenden Festabend für Mölders und seine Kameraden.

Es geht ans Abschiednehmen! Mölders verläßt Zürs und kehrt an die Kanalfront zurück. Von links nach rechts: „Fürst“ Wilcke, Mölders, Unbekannt, „Tutti“ Müller.

Kurze Zwischenstation im alten Friedensstandort Wiesbaden-Erbenheim auf dem Weg zur Front. Abgestellte Bf 109-E des Geschwaders und eine Go 145 auf dem Platz.

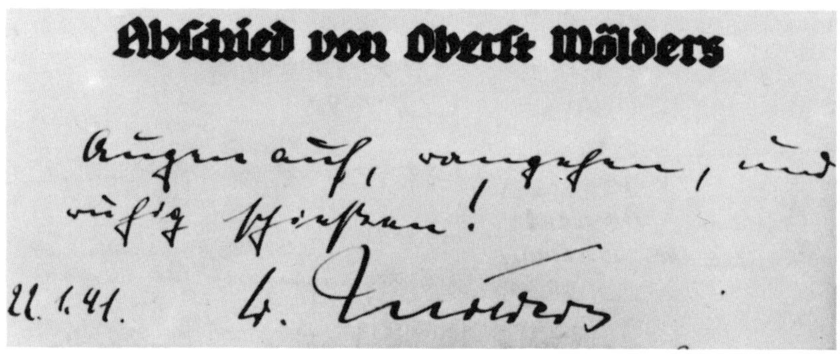

Handschriftliche Widmung Mölders im Gästebuch des Offiziersheims des Flugplatzes Wiesbaden-Erbenheim vom 22. 1. 1941: „Augen auf, rangehen, und ruhig schießen! Werner Mölders.“

Februar 1941 am Kanal; Die erfolgreichen Flugzeugführer der 12./JG 51 (von links nach rechts): Ofw. Heinrich Hoffmann, Ofw. Fleischhacker, Oblth. Nordmann, Ltn. Beise, Feldw. „Peppi“ Jennewein, Ltn. Wiest. Nur Beise und Nordmann überlebten den Krieg.

Reiten und schießen waren ein beliebter Ausgleichssport zwischen den harten Einsätzen. Der Kommodore auf „1 PS-Hafermotor" an der Kanalküste (eine der seltensten Aufnahmen von Mölders!) und beim KK-Schießen mit Obltn. Stengel, Hptm. Fözö und Ltn. Rübell (2. von rechts).

Mölders besucht verwundete Kameraden im Luftwaffenlazarett Guines und läßt sich mit Schwester Frida (links) und Schwester Martha fürs Erinnerungsalbum fotografieren.

Messerschmitt Bf 109 E-4 vor dem Start.

Mölders besteigt seine Maschine und nach den üblichen Startvorbereitungen mit seinen Warten ...

... geht es mit voller Konzentration zum Start und Feindflug über den Kanal nach England.

Abschuß! Der 60. Luftsieg ist errungen. Die Bordkamera hielt diesen Augenblick fest und zeigt die brennende Spitfire, die Mölders am 26. Februar 1941 SO Dungeness in 6500 m Höhe abschoß.

Glücklich und siegreich zurück. Der strahlende Kommodore nach dem 60. Luftsieg.

Am „Helden-Gedenktag“, dem 12. März 1941, besuchte Mölders einen Soldatenfriedhof und legt am Grab eines gefallenen Kameraden einen Kranz nieder.

Reichsmarschall Göring im Gespräch mit Mölders, anläßlich einer Kommandeursbesprechung in Paris. Göring betrachtet dabei das „Spanien-Kreuz in Gold mit Schwertern und Brillanten“, das insgesamt 28 mal an Angehörige der „Legion Condor“ verliehen wurde.

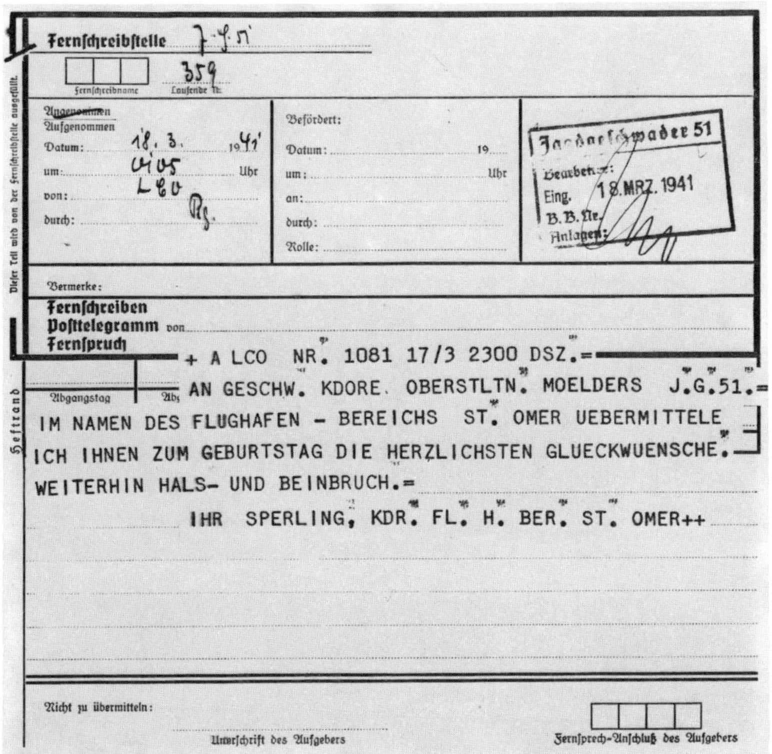

Fernschreibstelle

Fernschreibname — Laufende Nr.

Aufgenommen Datum: 18. 3. 1941 um: 0405 Uhr von: durch:

Befördert: Datum: 19 um: Uhr an: durch: Rolle:

Jagdgeschwader 51 Bearbeiter: Eing. 18. MRZ. 1941 B.B.Nr. Anlagen:

Vermerke:

Fernschreiben Posttelegramm Fernspruch von

Abgangstag

+ A LCO NR. 1081 17/3 2300 DSZ.=

AN GESCHW. KDORE. OBERSTLTN. MOELDERS J.G.51.=

IM NAMEN DES FLUGHAFEN - BEREICHS ST. OMER UEBERMITTELE

ICH IHNEN ZUM GEBURTSTAG DIE HERZLICHSTEN GLUECKWUENSCHE.

WEITERHIN HALS- UND BEINBRUCH.=

IHR SPERLING, KDR. FL. H. BER. ST. OMER++

Nicht zu übermitteln:

Unterschrift des Aufgebers

Fernsprech-Anschluß des Aufgebers

Zu seinem 28. Geburtstag erhielt Mölders wieder eine Flut von Briefen und Telegrammen. Niemand ahnte damals, daß es schon sein letzter war!

Seit Januar 1941 flog Obltn. Hartmann Grasser bei Mölders im Geschwaderstabsschwarm. Wie viele andere auch, die bei „Vati" Mölders flogen, wurde auch er einer der Besten der deutschen Jagdwaffe (103 Luftsiege auf 700 Feindflügen, Träger des Eichenlaubs zum Ritterkreuz des Eisernen Kreuzes).

Vom Einsatz über der Insel zurück. Seine treuen „Schwarzen Jungs“ sind immer als erste bei ihm.

Die Wartungsgruppe des Kommodore bei der Betreuung seiner Maschine. Von ihnen und ihrer Arbeit sprach er immer mit höchstem Lob!

15. April 1941: Der „Jafü“ 2, Gen.Major „Onkel Theo“ Osterkamp hat Geburtstag. Seine Kommodore kamen zur Gratulation und gleichzeitiger Berichterstattung. Von links nach rechts: Lützow, JG 3; Galland, JG 26; Osterkamp; von Maltzahn, JG 53; Mölders, JG 51; Unbekannt.

Bei dieser Gelegenheit tauschten die „Experten“ ihre im Luftkampf gemachten Erfahrungen recht anschaulich aus, wie diese Bilder von Mölders und Galland zeigen.

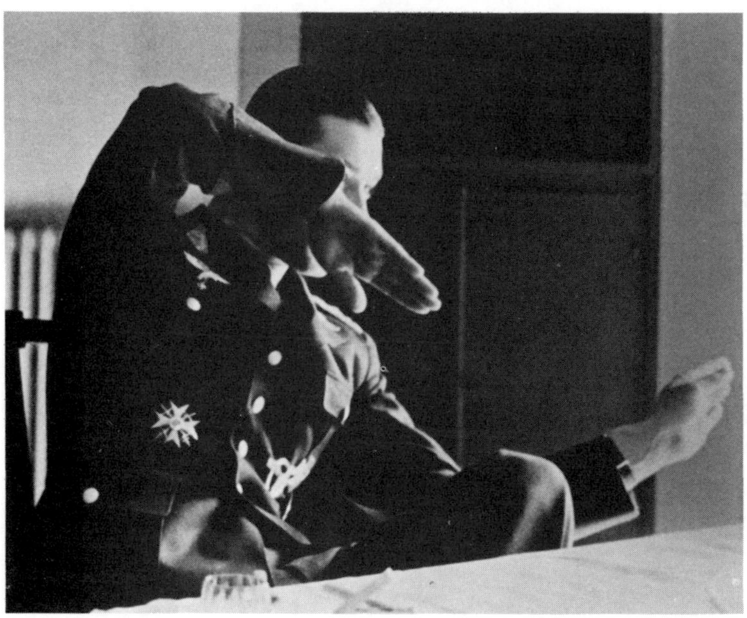

Mölders hatte als Dienstwagen ein „Wanderer"-Kabriolett, das er sehr gerne mochte und oft selbst steuerte, wie hier im Bild. Sein Fahrer sitzt auf dem Rücksitz.

Prominenter Besuch! Soeben ist Oberstltn. Galland, Kommodore des JG 26 „Schlageter", gelandet. Das Geschwaderwappen und die „Mickimaus", das persönliche Kennzeichen Gallands auf seiner Bf 109, sind gut zu erkennen. Auch die geliebte Zigarre fehlt nicht, die man wohl auch als „sein Kennzeichen" nennen darf!

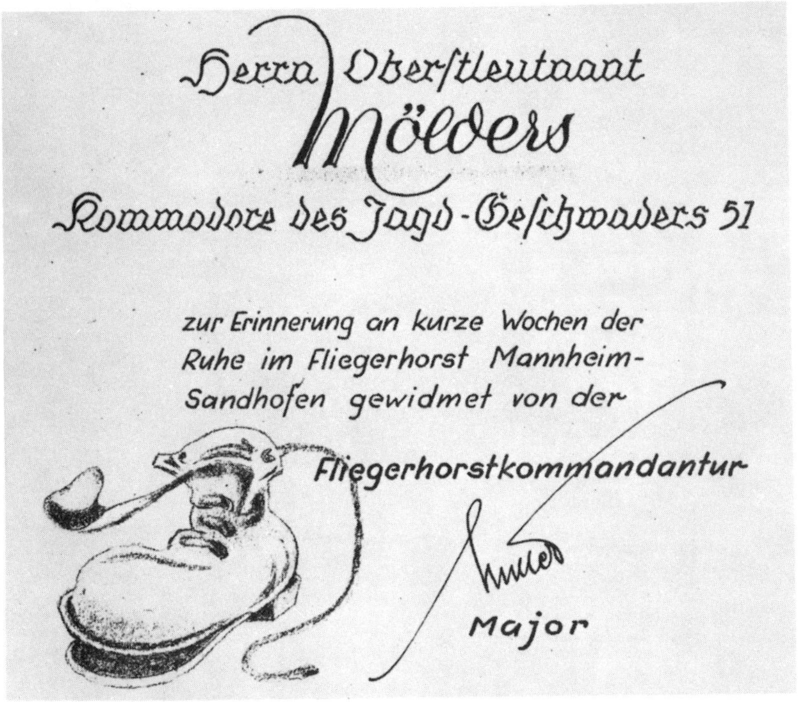

Nachdem ein Teil des JG 51 bereits von der Kanal-Front abgezogen war, kam auch für Mölders der Verlegungsbefehl, der ihn und den größten Teil des Geschwaders in die Heimat – zunächst nach Mannheim-Sandhofen – zurückrief.

19. Mai 1941: Soeben ist Mölders auf dem Fliegerhorst Mannheim-Sandhofen gelandet.

Der festlich geschmückte Eingang zum Fliegerhorst.

Im Gespräch mit einigen Offizieren. Zweiter von rechts Wilhelm Moritz, 1944 als Kommandeur der berühmten „Sturmgruppe", der IV./JG 3 „Udet" in der „Reichsverteidigung" besonders erfolgreich.

Anläßlich der Heimkehr des JG 51 gab es auf dem Fliegerhorst Mannheim-Sandhofen einen großen Begrüßungsappell mit einer Ansprache von Oberstltn. Mölders.

Diese Aufnahme entstand im Offiziersheim des Fliegerhorstes.

Wo immer auch Mölders auftauchte, er stand sofort im Blickpunkt der Öffentlichkeit. Hier nach einem Besuch des Luftgaukommandos XII/XIII in Wiesbaden.

Für kurze Zeit nach Düsseldorf kommandiert, besuchte er zusammen mit seiner Braut ein Fußballmeisterschaftsspiel seines Lieblingsvereins FC Schalke 04 im Düsseldorfer Stadion.

Dieses schöne Foto, wohl eines der besten und bekanntesten Bilder von Mölders, „schoß“ seine Braut Luise im Büro der Düsseldorfer LW-Dienststelle.

Am 10. Juni 1941 ging diese schöne Zeit zu Ende und Mölders flog zu seinem Geschwader nach Ostpreußen. Die neue Bf 109 F-2 des Kommodore auf dem Düsseldorfer Flughafen. Gut zu erkennen sind das Geschwaderwappen, die Kennzeichnung als Geschwader-Kommodore und die Abschußmarkierungen für 68 im Westen erzielte Luftsiege.

Vorbereitungen zum Start. Links im Bild (in Heeres-Uniform) Fritz von Forell, Autor der Mölders-Biographie „Mölders und seine Männer", neben ihm der Neffe von Mölders, Hartmut von Forell.

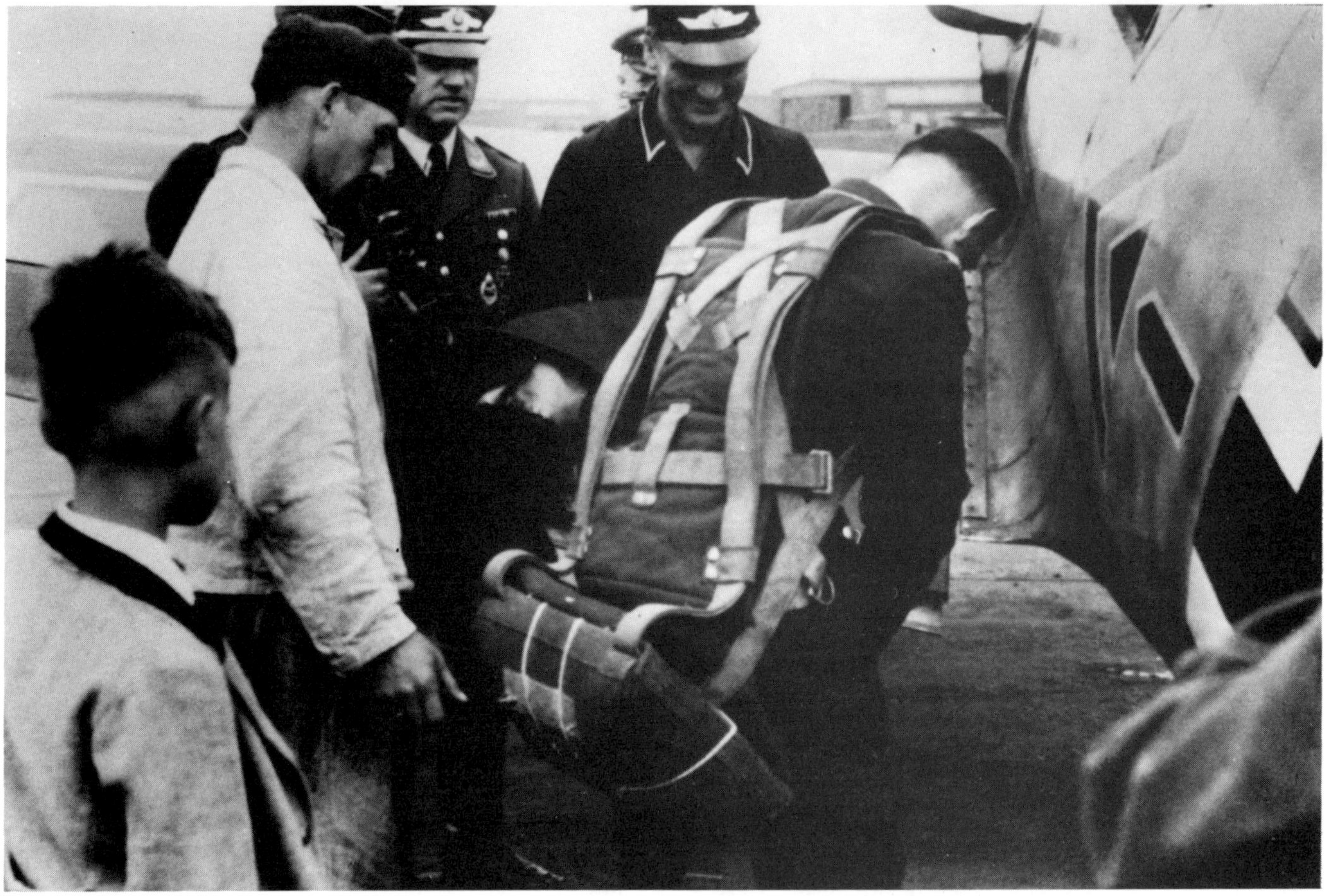

Die letzten Fotos vor seinem Start nach Osten, wo es bald einen neuen folgenschweren Kriegsschauplatz gibt.

Einsatz an der Ostfront

22. Juni 1941: Mölders ist soeben gelandet und berichtet, noch im Cockpit seiner Bf 109 sitzend, über den 1. Luftsieg (eine I-153), den er an der neuen Front erringen konnte.

Mölders schoß den 72. Gegner ab

dnb. Berlin, 23. Juni.

Oberstleutnant Mölders schoß am 22. Juni seinen 72. Gegner in der Luft ab. Der Führer hat ihm aus diesem Anlaß das Eichenlaub mit Schwertern zum Ritterkreuz des Eisernen Kreuzes verliehen und ihm nachfolgendes Telegramm gesandt: „Zu Ihrem heute erfochtenen Luftsiege übermittle ich Ihnen meine besten Wünsche. Im Ansehen Ihres immer bewährten Heldentums verleihe ich Ihnen als zweitem Offizier der deutschen Wehrmacht das Eichenlaub mit Schwertern zum Ritterkreuz des Eisernen Kreuzes. (gez.) Adolf Hitler

An diesem ersten Einsatztag in Rußland schoß er noch 3 weitere Maschinen ab („Martin-Bomber", SB-2) und erhielt hierfür als 2. Soldat der Wehrmacht (nach Galland) das Eichenlaub mit Schwertern zum Ritterkreuz des Eisernen Kreuzes verliehen.

Nach Rückkehr vom Einsatz. Erfahrungsaustausch mit Erich Hohagen (links) und „Schorsch" Eder (Mitte). Beide wurden im weiteren Verlauf des Krieges hoch dekoriert und zählen zu den erfolgreichsten deutschen Jagdfliegern.

Einige Fotos der russischen Flugzeugtypen, die Mölders bei seinen 33 Luftsiegen im Osten bezwingen konnte: Oben links eine „Rata", I-16. Rechts eine I-153.

SB-2 bis, „Martin-Bomber".

PE-2.

Oben: Fliegerschicksal! Das Ende eines tapferen Gegners. Abgeschossene I-153.

Mitte: So sah es am Abend des 22. Juni 1941, nach dem ersten Einsatztag, auf vielen russischen Flugplätzen aus! Zerstörte sowjetische Flugzeuge, wohin man schaut.

Am Morgen des zweiten Tages des Rußlandfeldzuges. Von links nach rechts: Grasser, Beckh (Nachfolger von Mölders als Geschwader-Kommodore), ganz rechts Obltn. Führing.

Wird das auch gut gehn? Gespannt beobachten der Kommodore und einige Kameraden die Landung eines Flugzeugführers, der mit beschädigter Maschine vom Einsatz zurückkehrt.

Mölders bei einem Inspektionsflug im Cockpit einer Siebel 104 „Halore“.

Herzliche Gratulation für Hartmann Grasser zu einem neuen Luftsieg.

Oben links: Seine Fürsorge galt allen Soldaten! Hier im Gespräch mit drei verwundeten Landsern, die er kurzfristig bei sich aufgenommen und eingeladen hatte, ehe sie nach rückwärts ins Lazarett kamen.

Oben rechts: Gratulation für Ofw. Edmund Wagner von der 9. Staffel, der in Rußland in kurzer Zeit zu den erfolgreichsten Flugzeugführern des JG 51 zählte. Leider fiel er nach 57 Luftsiegen am 13. 11. 1941 bei Pafmutowka. Nachträglich erhielt er das Ritterkreuz.

Unten: Einsatzbesprechung mit Eichenlaubträger Hptm. Joppien, Kdr. der I. Gruppe. Nur wenige Wochen später, am 25. 8. 1941, stürzte er bei Brjansk im Luftkampf tödlich ab. Insgesamt hatte er 70 Luftsiege, davon 42 im Westen erzielt.

Zu Besuch bei dem im Nordabschnitt eingesetzten Geschwaderstab JG 53 „Pik As“ in Krzewica. Zweiter von rechts der Kommodore des JG 53, Frhr. von Maltzahn.

Das JG 51 stand ständig im Einsatz und unterstützte die Panzer- und Infanteriespitzen, wo immer es ging. Bei der Absprache der gemeinsamen Operationen mit Gen.Oberst Guderian, zu dieser Zeit Befehlshaber der Panzergruppe 2.

Nach siegreichem Luftkampf in seiner Bf 109 F-2.

Bis zum 4. 7. 1941 schoß Mölders 10 weitere Gegner ab und hatte bei Überreichung der „Schwerter" bereits 82 Abschüsse, darunter mehrere „Martin-Bomber" vom Typ SB-2 bis (siehe Bild) erreicht.

OBERSTLEUTNANT GALLAND

OBERSTLEUTNANT MÖLDERS

An der Luftschlacht des 21. Juni 1941 hat Oberstleutnant **Galland** durch hervorragende Führung seines Geschwaders und durch Abschuß von drei Gegnern besonderen Anteil gehabt. Oberstleutnant **Mölders** schoß am Tage darauf seinen 72. Gegner in der Luft ab. Der Führer hat aus Anlaß dieses heldenhaften Einsatzes beiden Offizieren das von ihm neugestiftete Eichenlaub mit Schwertern zum Ritterkreuz des Eisernen Kreuzes verliehen und ihnen ein entsprechendes Glückwunschtelegramm gesandt

Mölders beim Führer

dnb. Führerhauptquartier, 4. Juli.

Der Führer und Oberste Befehlshaber der Wehrmacht empfing Oberstleutnant Mölders, Kommodore eines Jagdgeschwaders, und überreichte ihm das am 22. Juni verliehene Eichenlaub mit Schwertern zum Ritterkreuz des Eisernen Kreuzes.

Die offizielle Pressemeldung aus dem „Völkischen Beobachter" über die Aushändigung der hohen Auszeichnung durch Hitler.

Links: Die Meldung von der Verleihung der „Schwerter" an Galland und Mölders in der Luftwaffen-Illustrierten „Der Adler".

Am 3. Juli (die Pressemeldung erfolgte einen Tag später!) empfing Hitler Oberstltn. Mölders in seinem Hauptquartier, der „Wolfsschanze", und überreichte ihm die „Schwerter". (Das FHQu. lag einige km östl. von Rastenburg/Ostpr. und trug den Decknamen „Wolfsschanze".)

Mölders kurz nach der Rückkehr aus dem Führerhauptquartier, mit der neuen Auszeichnung dekoriert.

Im Gespräch mit Major Friedrich Beckh, Kdr. der IV. Gruppe. Beckh übernahm einige Wochen später das Geschwader.

Vor der „Buchhaltung“, der Abschußtafel des Geschwaders.

Die nachstehend abgebildeten drei Flugzeugführer des Geschwaders stehen zum Gedenken für alle beim JG 51 gefallenen und vermißten Kameraden:

Ofw. Heinrich Hoffmann, 12./JG 51, seit 3. 10. 1941 vermißt, 63 Luftsiege, posthum mit dem Eichenlaub zum Ritterkreuz ausgezeichnet.

Obltn. Heinrich Höfemeier, gen. „Der Dicke", St.Kpt. der 3./JG 51, 96 Luftsiege, Ritterkreuzträger, am 7. 8. 1943 durch Flak bei Karatschew tödlich abgeschossen.

Ofw. Josef „Pepi" Jennewein, zuletzt 2./JG 51, 86 Luftsiege; am 26. 7. 1943 jenseits der Front östl. Orel nach Luftkampf abgestürzt und seither vermißt. Posthum mit dem Ritterkreuz ausgezeichnet. (Einer der besten deutschen Skiläufer, 2 mal Weltmeister in der Alpinen Kombination.)

Mölders im Gespräch mit Uffz. „Toni“ Hafner, dem erfolgreichsten Flugzeugführer des JG 51. (Nach 204 Luftsiegen als Obltn. u. St.Kpt. der 10./JG 51 am 17. 10. 1944 in Ostpreußen gefallen.) Bildmitte: „Joschko“ Fözö.

„Vati“ Mölders als Kavalier! Pralinen für die beiden netten DRK-Krankenschwestern des Feldlazaretts, das in der Nähe des Gefechtsstands seine Zelte aufgeschlagen hat.

Auch Jagdflieger müssen mal schlafen! Ein „Nickerchen“ unterm schattigen Baum in der Mittagshitze des heißen Rußlandsommers 1941.

Von Sieg zu Sieg! Abschuß einer „Rata“, I-16, die wie eine Fackel brennend abstürzt und mit Aufschlagbrand endet.

15. Juli 1941: Soeben ist Mölders gelandet. Als erster Jagdflieger der Welt hat er den 100. und 101. Luftsieg errungen (ohne die Spanien-Abschüsse gerechnet). Dicht umlagern ihn die Soldaten aller Dienstgrade und Einheiten die am und in der Nähe des Platzes liegen.

Mit sprechenden Gesten veranschaulicht Mölders seinen vielen Zuhörern den siegreichen Luftkampf.

Das Glückwunschplakat seiner Männer zum 100. Luftsieg.

Des Führers Dank an Mölders

Der Führer und Oberste Befehlshaber der Wehrmacht hat folgendes Handschreiben an Oberstleutnant Mölders gerichtet:

Führerhauptquartier, 15. Juli

Herrn Oberstleutnant Mölders, Kommodore.

Nehmen Sie zu Ihren heutigen fünf neuen Luftsiegen meine aufrichtigsten Glückwünsche entgegen. Sie haben mit diesen Erfolgen im großdeutschen Freiheitskampf 101 Gegner in der Luft abgeschossen und sind einschließlich Ihrer Erfolge im spanischen Bürgerkrieg 115 mal Sieger im Luftkampf gewesen.

In Würdigung Ihres immerwährenden heldenmütigen Einsatzes im Kampf um die Freiheit unseres Volkes und in Anerkennung Ihrer hohen Verdienste als Jagdflieger verleihe ich Ihnen als erstem Offizier der deutschen Wehrmacht die höchste deutsche Tapferkeitsauszeichnung, das

Foto: PK.-Jütte (Atlantic)

Eichenlaub mit Schwertern und Brillanten zum Ritterkreuz des Eisernen Kreuzes.

Mit meinem und des ganzen deutschen Volkes Dank verbinde ich die besten Wünsche für Ihre Zukunft.

gez. Ihr Adolf Hitler.

1200 Luftsiege des Jagdgeschwaders Mölders

* **Stuttgart**, 17. Juli.

Die Nachricht von der Verleihung des Eichenlaubs mit Schwertern und Brillanten zum Ritterkreuz des Eisernen Kreuzes an Oberstleutnant Mölders für 101 Abschüsse in diesem Krieg hat in der Bevölkerung ein verständlich freundliches Echo gefunden. Und nun überrascht uns die weitere Meldung, daß das Jagdgeschwader Mölders seit Beginn der Kampfhandlungen im Osten bis zum 12. Juli 500 Sowjetflugzeuge bei nur drei Verlusten abgeschossen hat. Das Geschwader hat damit am 12. Juli insgesamt den 1200. Luftsieg erkämpft.

Man fragt unwillkürlich, was sind das für Männer, die Deutschlands Jagdwaffe beim Gegner so gefürchtet und dadurch zu den beliebtester Soldaten im deutschen Volk machen. Da erinnert man sich an das Bild in einer Illustrierten aus den Wintertagen; es zeigte sportgestählte und braungebrannte Männer bei einer Schneeballschlacht in den Bergen. Offiziere des Jagdgeschwaders Mölders mit ihrem Kommodore an der Spitze verbringen ein paar Erholungstage. Ein Blick in ihre Gesichter zeigt uns, was wir wissen wollen, um diese gewaltigen Erfolge zu verstehen; ein besonderer Typ von Männern, die ihre Siege nicht einem blinden Draufgängertum verdanken, sondern wohl überlegten Grundsätzen. Man weiß von Mölders, er sichert aufs sorgfältigste, dann pirscht er den Gegner an, überblickt die Situation und nähert sich endlich aus einer völlig geklärten Lage dem Gegner, so daß ihm als Ergebnis all dieser Ueberlegungen schließlich der Sieg sicher ist.

Kriegsberichter haben Mölders oft auszufragen versucht, aber es ist ihnen nicht immer gelungen. Eine große Bescheidenheit ist ein weiteres besonderes Kennzeichen des Fliegerhelden. Wenn Mölders allerdings einmal erzählt, dann spricht er nicht anders, als man dies von ihm erwartet. Er sagt zum Beispiel in der Schilderung eines Kampfes: „Ich haue ab, daß sich die Balken biegen."

Seine Schilderung über seinen 26. Abschuß beim Anblick einer Gruppe von sechs bis zehn Spitfires kleidet er in die Worte: „Ich bekomme einen Riesenschreck, weiß aber gleich, hier kann nur eins helfen, mitten durch den Haufen Engländer durchzustoßen." Durch Splitter ist Mölders übrigens gerade in diesem Kampf schon einmal verwundet worden. Im übrigen ist bekannt, daß er mit 14 bestätigten und mehreren unbestätigten Abschüssen der erfolgreichste Jagdflieger der Legion Condor in Spanien war, den neben dem Spanienkreuz in Gold mit Brillanten die Medalla de la Campana und die Medalla Militar schmücken. Mölders, heute 27 Jahre alt, ist in Gelsenkirchen geboren als Sohn eines Studienrates, der 1915 als Reserveoffizier fiel. Ursprünglich Infanterist, trat er 1935 bei der Neugründung in die Luftwaffe ein.

Für diese überragende Leistung erhielt Mölders als erster Soldat die neugeschaffene und bis 1945 höchste deutsche Tapferkeitsauszeichnung, das Eichenlaub mit Schwertern und Brillanten zum Ritterkreuz des Eisernen Kreuzes. Die Verleihung der „Brillanten" in der Tagespresse.

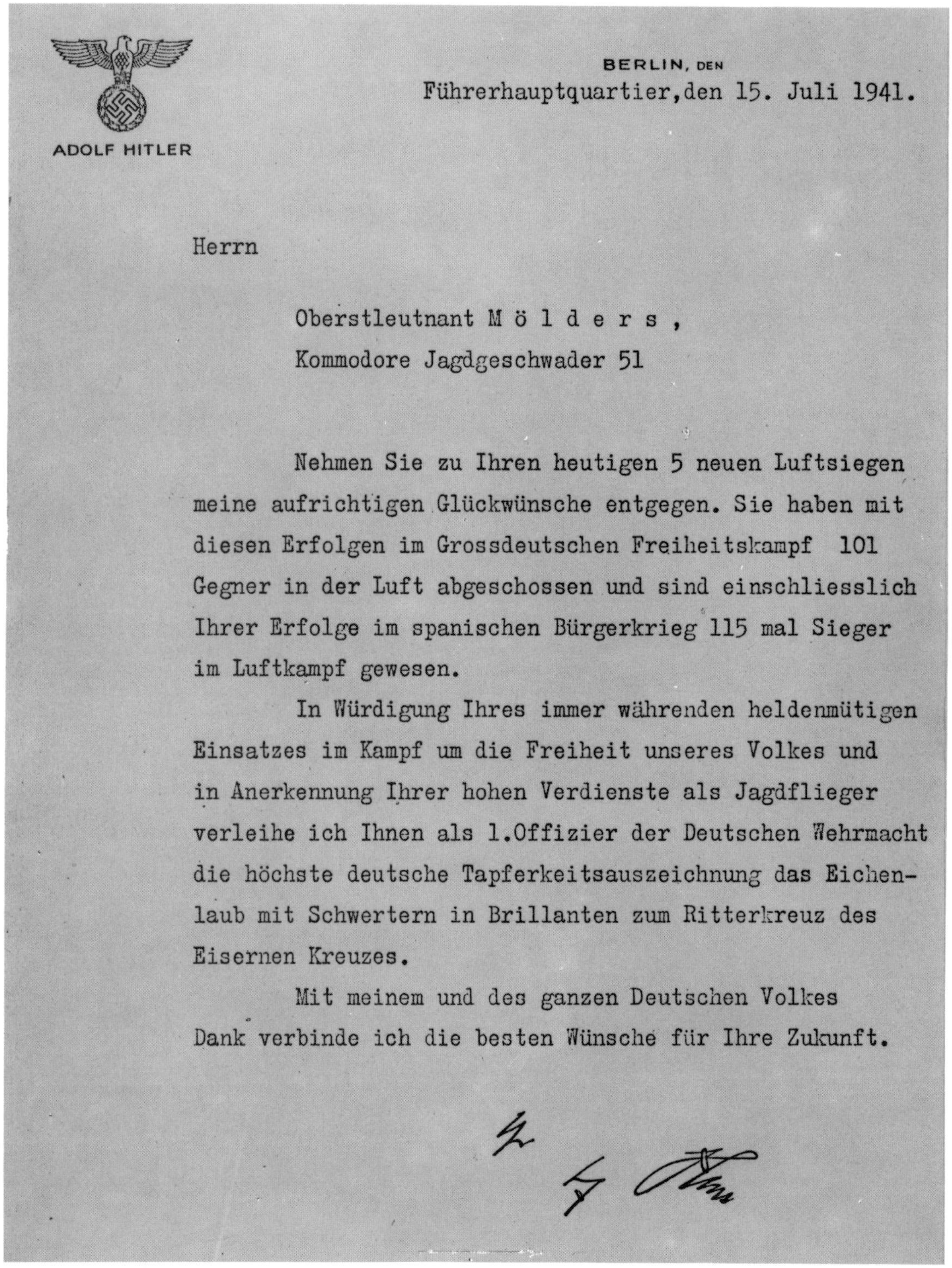

ADOLF HITLER

BERLIN, DEN
Führerhauptquartier, den 15. Juli 1941.

Herrn

Oberstleutnant M ö l d e r s ,
Kommodore Jagdgeschwader 51

Nehmen Sie zu Ihren heutigen 5 neuen Luftsiegen meine aufrichtigen Glückwünsche entgegen. Sie haben mit diesen Erfolgen im Grossdeutschen Freiheitskampf 101 Gegner in der Luft abgeschossen und sind einschliesslich Ihrer Erfolge im spanischen Bürgerkrieg 115 mal Sieger im Luftkampf gewesen.

In Würdigung Ihres immer währenden heldenmütigen Einsatzes im Kampf um die Freiheit unseres Volkes und in Anerkennung Ihrer hohen Verdienste als Jagdflieger verleihe ich Ihnen als 1.Offizier der Deutschen Wehrmacht die höchste deutsche Tapferkeitsauszeichnung das Eichenlaub mit Schwertern in Brillanten zum Ritterkreuz des Eisernen Kreuzes.

Mit meinem und des ganzen Deutschen Volkes Dank verbinde ich die besten Wünsche für Ihre Zukunft.

Der Brief Adolf Hitlers anläßlich der Verleihung der „Brillanten".

Fünf Tage später wurde er zum Oberst befördert (siehe Urkunde unten links) und erhielt am 26. Juli 1941 im FHQu. „Wolfsschanze" aus der Hand Hitlers die ihm am 15. 7. 1941 verliehene neue Auszeichnung überreicht.

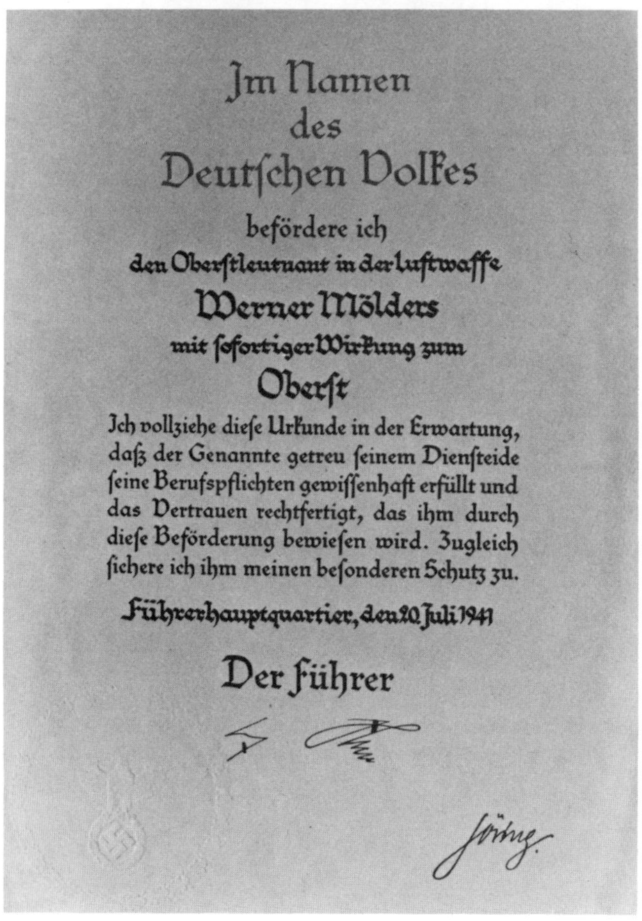

Jm Namen
des
Deutschen Volkes
befördere ich
den Oberstleutnant in der Luftwaffe
Werner Mölders
mit sofortiger Wirkung zum
Oberst

Ich vollziehe diese Urkunde in der Erwartung, daß der Genannte getreu seinem Diensteide seine Berufspflichten gewissenhaft erfüllt und das Vertrauen rechtfertigt, das ihm durch diese Beförderung bewiesen wird. Zugleich sichere ich ihm meinen besonderen Schutz zu.

Führerhauptquartier, den 20. Juli 1941

Der Führer

Oberst Werner Mölders, der erste Brillanten-Träger der deutschen Wehrmacht (insgesamt erfolgten bis Kriegsende 27 Verleihungen).

Die wertvolle Verleihungsurkunde, aufgenommen kurz bevor sie Hitler unterschrieben hat. Beschreibung: Hoheitszeichen, Name und Text in erhabenem Gold auf Pergament geschrieben, von fliegerblauem Maroquinrahmen mit Handvergoldung eingefaßt. Kassette fliegerblau Maroquin mit Elfenbein-Samtfutter, handgebunden, Hoheitszeichen, Ornament und Kanteneinfassung in Feuergold handgetrieben, Hakenkreuz mit Brillanten ausgelegt.

Nach der hochverdienten Ehrung erhielt Mölders Einsatzverbot und mußte sein Geschwader abgeben, da er zum Inspektor der Jagdflieger ernannt wurde. Er flog von Gruppe zu Gruppe und verabschiedete sich von all seinen Männern.

Der Abschied fällt beiden schwer, wie man auf dem Foto deutlich erkennen kann, dem scheidenden Kommodore und seinem Feldwebel Höfemeier. Links neben Höfemeier steht „Toni" Hafner.

Die beiden Nachfolger-Kommdore auf einem Bild. Links Major Beckh, der das Geschwader nach Mölders übernahm (seit 21. 6. 1942 als Kdre. des JG 52 in Rußland vermißt). Von April 1942 bis April 1944 führte dann Karlfried Nordmann das JG 51 mit großem Erfolg.

Inspekteur der Jagdflieger

Der neue Inspekteur flog und fuhr an der Ostfront von Verband zu Verband, um sich über alle Probleme ein Bild zu machen und soweit als möglich für rasche Abhilfe zu sorgen.

Zu den erfreulichen Pflichten gehörte die Aushändigung von Auszeichnungen an verdiente Kameraden. Hier legt er Ltn. Erich Schmidt von der III./JG 53, seiner ehemaligen Gruppe, nach dessen 30. Luftsieg den „Dödel“ um.

Am 27. Juli 1941 hatte auch sein ehemaliger Fluglehrer von München-Schleißheim, Robert Olejnik das Ritterkreuz erhalten. Mölders freute sich sehr darüber.

Im ernsten Gespräch über die Lage mit Gen.Major Hoffmann von Waldau, einem der fähigsten Generale der Luftwaffe. Leider starb auch er am 17. 5. 1943 den Fliegertod, als er als Passagier einer He 111 bei schlechtem Wetter in den Rhodopen (Bulgarien/Griechenland/Macedonien) gegen einen auf den Karten zu niedrig eingetragenen Berg stieß.

Immer wieder wurde Mölders ins Hauptquartier von Göring gerufen. Die Bilder zeigen ihn vor dem Sonderzug des Oberbefehlshabers der Luftwaffe und mit Göring, der seine weiße Reichsmarschalluniform trägt.

Ende August 1941 besuchte Mussolini Hitler und Göring in deren Hauptquartieren. Göring, durch den „Duce“ fast verdeckt, stellt diesem Deutschlands erfolgreichsten Jagdflieger vor.

Auch in „Karinhall“, dem wunderschön in der Schorfheide, nordöstlich von Berlin gelegenen Land- und Wohnsitz Górings, war Mölders mehrmals bei dienstlichen Besprechungen und als Gast anwesend.

Am 13. September 1941 heiratete Mölders im Städtchen Falkenstein im Taunus. Der Schnappschuß zeigt ihn am Polterabend, bei dem es reichlich Scherben gab, wie es der Brauch ist.

Pfarrer Erich Klawitter, Mölders väterlicher Freund, segnet das Brautpaar.

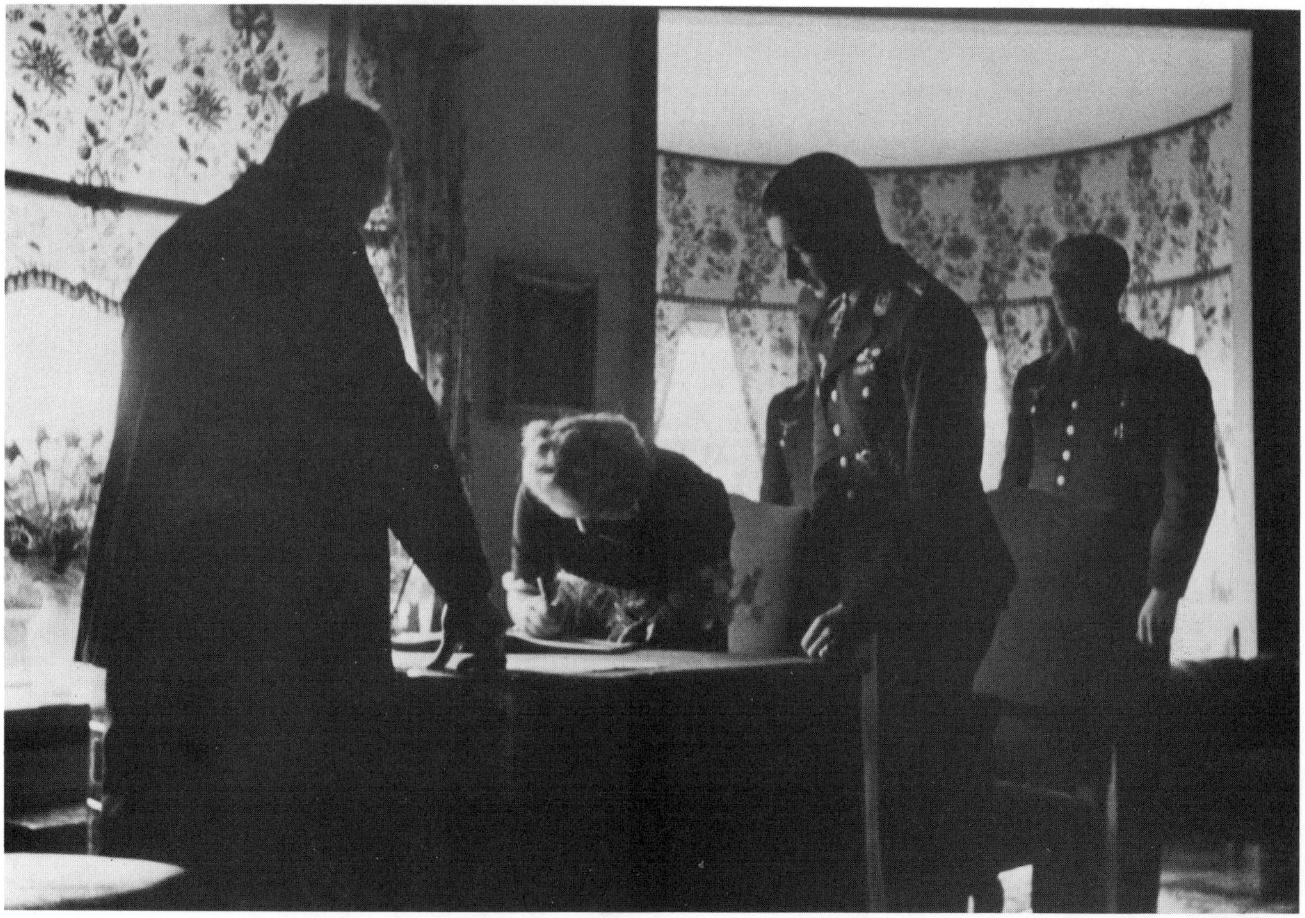

Die Unterschrift der Braut vor dem Standesbeamten. Rechts neben Mölders sein Trauzeuge Ltn. Erwin Fleig, links – etwas verdeckt – Trauzeuge Obltn. Hartmann Grasser.

Nach der kirchlichen Trauung; Luise und Werner Mölders mit den Trauzeugen und den Hochzeitsgästen.

Das Brautpaar mit einigen seiner Gäste. 2. von links Fritz von Forell, 7. v. li. seine Schwester Annemarie Mölders, 9. v. li. Mutti Mölders, ganz rechts Bruder Hans Mölders.

In „Zivil" geht es nach der Hochzeitsfeier für einige Tage in die Flitterwochen.

Keßelring
Generalfeldmarschall

Gefechtsstand, den 30. 9. 1941.

Lieber M ö l d e r s !

Verspätet bringe ich Ihnen meine Glück=wünsche zu Ihrer Vermählung. Dass sie so spät kommen, sind Sie diesmal alleine schuld.

Trotz Krieg und stärkster Inanspruchnahme hoffe ich, dass Sie Ihrer jungen Frau etwas sein können und wünsche, dass Sie in baldigem Frieden eine schöne Ehe aufbauen können.

Mit der Bitte, mich Ihrer jungen Gattin zu empfehlen, bin ich

stets Ihr

Einer von unzähligen Glückwunschbriefen, die Mölders und seine Frau erhielten, als die Hochzeit bekannt wurde.

Ende September war Mölders bereits wieder an der Ostfront. Links unten im Gespräch mit General d. Flg. Loerzer, s. Zt. Kommandierender General des II. Flg.Korps und mit Günther Lützow, Kommodore des JG 3.

Rechts: Zu Besuch bei Generalleutnant Bodenschatz, Vertreter der Luftwaffe im Führerhauptquartier. Bodenschatz war im I. Weltkrieg erfolgreicher Jagdflieger bei Manfred Frhr. von Richthofen.

Zu Besuch bei verbündeten Fliegeroffizieren.

Mölders besuchte auch die freiwilligen Flieger der spanischen „Esquadrón Azúl“, deren Kommandeur Major Salas am 4. 10. 1941 die beiden ersten Abschüsse der Staffel gelangen. Die Fahne der mit Bf 109 ausgerüsteten spanischen Jagdstaffel zeigt im Kreis das persönliche Zeichen des gefallenen spanischen Fliegerasses Garcia Morato und als Inschrift den Schlachtruf der spanischen Flieger während des Bürgerkrieges.

7. Oktober 1941 auf dem Platz Karna: Mölders ist soeben mit einer Bf 110 gelandet. Als Bordschütze flog sein Adjutant Major Wenzel mit, der hier etwas mühsam aussteigt. Freudige Begrüßung der alten Kameraden von der III./JG 51 unter Hptm. Leppla (2. von rechts). Unten rechts: In strahlender Laune – „Vati“ Mölders.

Wo immer auch Mölders auftauchte, stets war er sofort von Soldaten aller Dienstgrade umringt. Sie alle wollten ihren unvergessenen ehemaligen Kommodore sehen und wenn's irgendwie geht, auch einige Worte mit ihm sprechen.

Drei große Führerpersönlichkeiten der deutschen Jagdwaffe. Von links nach rechts: Karlfried Nordmann, „Vati" Werner Mölders, „Franzl" Günther Lützow.

26. Oktober 1941 auf der Krim: Gen.Oberst Löhr (2. von links) im Gespräch mit einem türkischen General (rechts). Zwischen Löhr und Mölders Major Handrick, Kommodore des JG 77. Handrick war 1936 in Berlin Olympiasieger im Modernen Fünfkampf!

Es ist kalt geworden auf der Krim! Selbst im „Kasinozelt" des JG 77 ist es abends nur im Pelz oder der warmen Fliegerjacke auszuhalten. Neben Mölders Oberst Frhr. von Houwald.

Auf der Krim: Mit Fliegerleitoffizieren der ihm hier unterstellten Jagd- und Stukaeinheiten beobachtet und dirigiert Mölders vom weit vorgeschobenen Gefechtsstand aus den Einsatz der Verbände.

Mit seinem Adjutanten Major Wenzel (rechts) und Hptm. Stormer auf dem Feldflugplatz in Tscheplinka auf der Krim.

Abschied von Werner Mölders

Am 17. 11. 1941 nahm sich in Berlin Gen.Oberst Ernst Udet das Leben. Sein Freitod wurde von der Staatsführung vertuscht und als tödlicher Unfall bei der Erprobung einer neuen Waffe dargestellt! Zu dem von Hitler angeordneten Staatsbegräbnis (siehe die abgebildete Einladungskarte) wurde neben anderen hochdekorierten Luftwaffenoffizieren auch Oberst Mölders nach Berlin befohlen.

Der Reichsmarſchall des Großdeutſchen Reiches
und Oberbefehlshaber der Luftwaffe
beehrt ſich,
zu dem am Freitag, dem 21. November 1941, 11 Uhr,
im Ehrenſaal des Reichsluftfahrtminiſteriums in der Wilhelmſtraße
ſtattfindenden
STAATSAKT ANLÄSSLICH DES STAATSBEGRÄBNISSES
des verewigten Generalluftzeugmeiſters
Generaloberſt Dr. h. c. ERNST UDET
einzuladen.

Die letzten Fotos von Werner Mölders. Am Steuer seines Fieseler „Storchs“, mit dem er zunächst nach Cherson flog.

Kurz vor dem Start am 21. 11. 1941 auf dem Feldflugplatz von Cherson (Ukraine) auf dem Weg zur He 111 der III./KG 27 „Boelcke“, mit der Mölders als Passagier nach Berlin fliegen wollte. Links Hptm. Frhr. von Beust, rechts Major Wenzel, der Adjutant von Mölders.

Im Gespräch mit Ritterkreuzträger Hptm. Frhr. von Beust, dem Gruppenkommandeur der III./KG 27 ...

... und mit den Besatzungsmitgliedern der Maschine.

Dieses kurz nach dem Absturz am 22. November 1941 heimlich aufgenommene Amateurfoto ist das einzige existierende Bild von der Absturzstelle in Breslau-Schöngarten. Deutlich ist zu sehen, daß der Rumpf hinter der Kanzel abgebrochen ist.

Gedenkplatte für Oberst Mölders, die der Grundstücksbesitzer an der Absturzstelle in Breslau-Schöngarten errichten ließ.

Oberst Mölders †

Der Sieger in 115 Luftkämpfen tödlich verunglückt

Berlin, 23. Nov. Ein hartes Geschick hat es gefügt, daß die deutsche Luftwaffe wenige Tage nach dem Heimgange des Fliegerhelden aus dem Weltkrieg, Generaloberst **U d e t**, nun auch den kühnsten und besten aus den Reihen ihrer jungen Jagdflieger ver-

Phot.: Archiv.

lor: der Inspekteur der Jagdflieger, Oberst Werner **M ö l d e r s**, ist am 22. 11. auf einem Dienstflug mit einem Kurierflugzeug, das er selbst nicht steuerte, bei Breslau tödlich abgestürzt. Vom Feinde unbesiegt, fand der Sieger in 115 Luftkämpfen auf so tragische Weise den Fliegertod. Die Leistungen und Erfolge dieses von glühendem Kampfgeist beseelten erst 28-jährigen Offiziers sind ohne Beispiel.

In Würdigung der einmaligen Verdienste des Obersten Mölders hat der Führer und Oberste Befehlshaber der Wehrmacht verfügt, daß das bisher von Mölders zu so gewaltigen Siegen geführte Jagdgeschwader in Zukunft seinen Namen trägt. Zugleich hat der Führer für Oberst Mölders ein Staatsbegräbnis angeordnet.

Die deutsche Luftwaffe verliert in Oberst Werner Mölders einen ihrer Besten. Das deutsche Volk aber und vor allem die deutsche Jugend verlieren in Werner Mölders einen ihrer großen Nationalhelden, an dem sie mit Verehrung, Bewunderung und Liebe hängen. Die ganze deutsche Nation steht tief erschüttert an der Bahre Werner Mölders, erfüllt von tiefer Trauer über den allzu frühen Tod, erfüllt aber auch vom Stolz auf diesen tapferen Sohn, dessen Ruhmestaten unvergänglich sind.

Als Angehöriger der Legion Condor ging Mölders 1938 nach Spanien, wo er im Kampf gegen den Bolschewismus mit 14 bestätigten Abschüssen der erfolgreichste Jagdflieger der Legion wurde. Mit dem Spanienkreuz in Gold mit Brillanten sowie mit der Medaille de la Campana und der Medalle Militar ausgezeichnet, kehrte er in die Heimat zurück.

Nach seinem 20. Abschuß im Kampf gegen England verlieh ihm der Führer im Mai 1940 das Ritterkreuz des Eisernen Kreuzes. Mit über 50 Gesamtabschüssen, davon 26 an der Westfront, stand er im Oktober 1940 an der Spitze der deutschen Jagdflieger. Als zweitem Offizier der deutschen Wehrmacht erhielt er aus Anlaß seines 40. Luftsieges am 22. September 1940 das Eichenlaub zum Ritterkreuz des Eisernen Kreuzes. Vom 22. Juni 1941, dem Beginn des Ostfeldzuges, bis zum 17. Juli schoß das Jagdgeschwader Mölders 500 Sowjetflugzeuge bei nur drei eigenen Verlusten ab und konnte damit insgesamt 1200 Luftsiege verzeichnen. Mölders selbst errang am Tage des Beginns des Entscheidungskampfes gegen den Bolschewismus seinen 72. Luftsieg. Am 23. Juni 1941 verlieh der Führer Major Mölders in Anerkennung seines erfolgreichen Einsatzes die Schwerter zum Ritterkreuz des Eisernen Kreuzes mit Eichenlaub, das ihm als zweiten Offizier der deutschen Wehrmacht verliehen wurde. Am 17. Juli erledigte er allein bei einem Luftkampf fünf Sowjetflugzeuge; damit hatte er im Verlaufe des Krieges insgesamt 101 Luftsiege erzielt. In Würdigung dieser ganz außerordentlichen Erfolge verlieh der Führer am 16. Juli 1941 Werner Mölders als erstem Offizier der deutschen Wehrmacht die höchste deutsche Tapferkeitsauszeichnung, das Eichenlaub zum Ritterkreuz des Eisernen Kreuzes mit Schwertern und Brillanten.

„Eine strahlende Heldengestalt"

Rom und Madrid zum Tode von Oberst Mölders

Die gesamte römische Sonntagspresse bringt zum tragischen Tod von Oberst Mölders das tiefe Mitempfinden des italienischen Volkes zum Verlust „dieser strahlenden Heldengestalt", wie „Giornale d'Italia" schreibt, zum Ausdruck. „Der Held aller deutschen Lufthelden mußte einem ganz einfachen Unfall zum Opfer fallen", schreibt das Sonntagsblatt „Lavoro Fascista". Bei Freund und Feind sei der Ruhm von Oberst Mölders geradezu legendär gewesen. Nun sei der Held in Walhall eingezogen, ohne daß jemals sich jemand werde rühmen können, ihn besiegt zu haben.

*

Die Madrider Presse widmet dem verunglückten deutschen Fliegerhelden Oberst Mölders herzliche Nachrufe und veröffentlicht Bilder von ihm. „Die Falange", so schreibt „**A r r i b a**", „teilt den Schmerz des deutschen Volkes, denn Mölders setzte sein Leben als Flieger der Legion Condor auch für Spaniens Freiheit ein. Mölders war mit seinen 28 Jahren das heldische Symbol dieses großen Krieges, das kämpferische Vorbild eines neuen werdenden Europa und die personifizierte Stärke der deutschen Luftwaffe. Gott schien diesem Flieger, der seine ersten 14 Luftsiege am spanischen Himmel errang, das Leben als eine besondere Gnade über alle Gefahren hinweg erhalten zu wollen, aber Mölders mußte das tragische Geschick des spanischen Fliegerhelden Morato, des italienischen Italo Balbo und Udets teilen. Mölders verschaffte keinem feindlichen Flieger ein Siegesmal auf dem Steuer seiner Maschine. Deutschlands Fliegerelite verfügt noch über hundert andere Männer, die die Abschußziffern Mölders erreichen werden, doch Mölders wird immer der erste sein."

*

Bei dem tragischen Flugunfall des Obersten Mölders fanden auch die Besatzungsmitglieder, Flugzeugführer Oberleutnant K o l b e und der Bordmechaniker Feldwebel H o b l e, den Fliegertod. Der Adjutant von Oberst Mölders sowie der Bordfunker wurden verletzt.

Einige von unzähligen Pressemeldungen zum Tode von Mölders.

Ein Jagdgeschwader führt den Namen Mölders

Das ganze deutsche Volk trauert um den unvergleichlichen Fliegerhelden

dnb. Berlin, 22. November.

Ein hartes Geschick hat es gefügt, daß die dentsche Luftwaffe wenige Tage nach dem Heimgang des Fliegerhelden aus dem Weltkrieg, Generaloberst Udet, nun auch den Kühnsten und Besten aus den Reihen ihrer jungen Jagdflieger verlor:

Der Inspekteur der Jagdflieger, Oberst Werner Mölders, ist am 22. November auf einem Dienstflug mit einem Kurierflugzeug, das er selbst nicht steuerte, bei Breslan tödlich abgestürzt. Vom Feinde unbesiegt, fand der Sieger in 115 Luftkämpfen auf so tragische Weise den Fliegertod. Die Leistungen und Erfolge dieses von glühendem Kampfgeist beseelten, erst 28jährigen Offiziers sind ohne Beispiel. Am 15. Juli 1941 verlieh der Führer und Oberste Befehlshaber der Wehrmacht dem Commodore Oberst Mölders nach seinem 101. Luftsiege im Freiheitskampf des deutschen Volkes als erstem Soldaten der Wehrmacht die höchste Tapferkeitsauszeichnung: das Eichenlaub mit Schwertern und Brillanten zum Ritterkreuz des Eisernen Kreuzes.

In Würdigung der einmaligen Verdienste des Obersten Mölders hat der Führer und Oberste Befehlshaber der Wehrmacht verfügt, daß das bisher von Mölders zu so gewaltigen Siegen geführte Jagdgeschwader in Zukunft seinen Namen trägt. Zugleich hat der Führer für Oberst Mölders ein Staatsbegräbnis angcordnet.

Er bleibt unvergessen

Drahtbericht unserer Berliner Schriftleitung

ms. **Berlin, 23. November.**

Wir können es noch nicht fassen —: Mölders, unser Mölders ist nicht mehr. Der beste Jagdflieger der Welt, der Held und Sieger in 115 Luftkämpfen (einschließlich Spanien), das Vorbild der Jugend, der einzigartige Offizier und Kamerad ist tot. Erschüttert stehen wir alle im Geist an der Bahre dieses wunderbaren Mannes, dem die höchste Tapferkeitsauszeichnung überhaupt, die die deutsche Wehrmacht zu vergeben hat, zuteil wurde.

Die militärische Laufbahn Werner Mölders, der ein so tragisches Ende gefunden hat, ist eine fast meteorhafte. Am 18. März 1913 in Gelsenkirchen als Sohn eines Studienrates, der 1915 als Reserveoffizier gefallen ist, geboren, besuchte er das Realgymnasium in Brandenburg, trat 1931 in das Infanterieregiment 2 ein und wurde 1934 zum Leutnant befördert. Im darauffolgenden Jahr trat er zu der wiedergegründeten Luftwaffe über und wurde 1936 zum Oberleutnant befördert. Mit der Legion Condor ging er zwei Jahre später nach Spanien, wo er innerhalb kurzer Zeit 14 bestätigte und einige unbestätigte Abschüsse erzielte. Als erfolgreichster Jagdflieger der Legion, ausgezeichnet mit dem Spanienkreuz in Gold und Brillanten, kehrte er in die Heimat zurück und wurde wegen hervorragender Leistungen außer der Reihe zum Hauptmann befördert.

Nachdem er vorübergehend zum Reichsluftfahrtministerium kommandiert war, erfolgte im März 1939 seine Ernennung zum Kommandeur einer Jagdgruppe. Nach seinem 20. Abschuß im Mai 1940 vom Führer mit dem Ritterkreuz zum Eisernen Kreuz ausgezeichnet und kurz darauf zum Major befördert, stand er im Oktober 1940 mit über 50 Gesamtabschüssen, davon 26 an der Westfront, an der Spitze aller deutschen Jagdflieger. Auch im Kampf gegen Großbritannien leistete Mölders Hervorragendes. Als erster Offizier der Luftwaffe erhielt er zu seinem 40. Luftsieg am 22. September 1940 das Eichenlaub. Einen Monat später waren es bereits 50 Abschüsse, am 25. Oktober wurde er zum Oberstleutnant befördert, nach seinem 72. Luftsieg erhielt er das Eichenlaub mit Schwertern zum Ritterkreuz. Neuer Einsatz: Kampf gegen die Bolschewisten. Wieder ist Mölders dabei, wieder ist er einer der Tapfersten. Am 16. Juli 1941 kommt eine Sondermeldung aus dem Führerhauptquartier: Mölders hat 101 feindliche Flugzeuge, außer seinen Spanienerfolgen, abgeschossen. Als erster Offizier der deutschen Wehrmacht erhält er das Eichenlaub mit Schwertern und Brillanten zum Ritterkreuz des Eisernen Kreuzes. Gleichzeitig wurde er, der 28-Jährige, zum Oberst befördert.

Mitten im Einsatz für den Sieg erreicht Mölders die Nachricht von dem tödlichen Unglücksfall des Generalobersten Udet. Nur für wenige Stunden eilt er nach Berlin, um an dem Staatsakt für diesen Mann teilzunehmen, der an maßgeblicher Stelle die Grundlagen auch für die Waffe geschaffen hatte, die Mölders in so hervorragender Weise führte und meisterte. Auf dem Flug nach Breslau erreichte ihn das widrige Geschick. Es war ihm nicht vergönnt, vor dem Feind zu fallen. Und das ist das Tragische an seinem Tod. Wir müssen Abschied nehmen von Werner Mölders. Sein Geist aber lebt weiter, nicht nur in der Luftwaffe, deren bester er war, sondern im ganzen deutschen Volk, dessen Jugend seinen Taten nacheifern wird.

Das Ärmelband „Jagdgeschwader Mölders", das alle Angehörigen des JG 51 bis zum Kriegsende mit berechtigtem Stolz trugen.

24. November 1941 * Nr. 328 * Seite 2

Auf einem Dienstflug von der Ostfront nach Berlin ließ am 22. November beim Absturz einer Kuriermaschine, die er nicht selbst steuerte,

Oberst
Werner Mölders

im Alter von 28 Jahren sein junges Leben für Führer und Vaterland.

Tief erschüttert und auf das schwerste getroffen von diesem harten Schicksalsschlag, steht das deutsche Volk an der Bahre seines größten Helden im Kampf um Deutschlands Freiheit und Ehre, in stolzer Trauer um den Offizier, der bis heute als einziger Soldat der deutschen Wehrmacht die höchste Tapferkeitsauszeichnung: das Eichenlaub mit Schwertern und Brillanten zum Ritterkreuz des Eisernen Kreuzes in Siegesbewußtsein und Bescheidenheit trug.

Ehrfurchtsvoll senken sich die Fahnen aller Waffenteile der deutschen Wehrmacht vor dem ruhmgekrönten jüngsten deutschen Obersten, dem ob seiner edlen Gesinnung und seines überragenden Heldentums die Herzen aller, der Vorgesetzten wie der Kameraden und Untergebenen, entgegenschlugen, der sich die Liebe und Bewunderung der begeisterten deutschen Jugend wie kein anderer in diesem Kriege erworben hatte.

Ergriffen nimmt mit mir die deutsche Luftwaffe nun Abschied von dem Tapfersten aus ihren Reihen, dem vorwärtsstürmenden Kämpfer, der in mehr als 1000 Luftschlachten stets Sieger blieb und in beispielhaftem Angriffsgeist 115 feindliche Flugzeuge vernichtete. Unbesiegt in allen Kämpfen ist der hervorragendste deutsche Flieger, der Offizier, der allen Vorbild war und immer bleiben wird, das Opfer eines tragischen Unfalles geworden.

Sieg und Ruhm ist an seinen Namen geheftet, der in der Geschichte dieses Freiheitskrieges und der deutschen Zukunft ewig fortleben wird.

Durch die enge Verbundenheit, die ich stets für diesen jungen Kameraden empfand, trifft mich sein Tod persönlich aufs tiefste.

Göring

Reichsmarschall des Großdeutschen Reiches
und Oberbefehlshaber der Luftwaffe

Tagesbefehl
des Reichsmarschalls Göring

„Seinem kühnen Angriffsgeist sollt ihr nacheifern"

Berlin, 24. November.

Reichsmarschall Göring hat zum Fliegertod des Obersten Mölders den nachstehenden Tagesbefehl an die Luftwaffe erlassen:

Soldaten der Luftwaffe!

Unser Oberst Mölders weilt nicht mehr unter uns. Eine unerforschliche Vorsehung hat es gewollt, daß der Sieger in 115 Luftkämpfen, der Offizier, der als einziger in der deutschen Wehrmacht das Eichenlaub mit Schwertern und Brillanten zum Ritterkreuz des Eisernen Kreuzes als höchste Tapferkeitsauszeichnung trug, das Opfer eines tragischen Flugzeugunfalles geworden ist.

In tiefer Erschütterung treten wir an die Bahre unseres Besten und Tapfersten. Unfaßbar ist uns allen, daß unser ruhmreichster Flieger nicht mehr in unseren Reihen steht. Wie ein strahlender Komet zog sein junges Heldenleben helleuchtend als Beispiel unbesiegbaren Kampfeswillens und vorbildlicher Tapferkeit an uns vorüber. Siegreich auf allen Schlachtfeldern dieses Krieges um Deutschlands Ehre und Freiheit, hat ihn kein Feind überwältigen können. Nun ist er, der treueste Pflichterfüllung und höchste Einsatzbereitschaft verkörperte, in Walhall eingezogen.

Auf Befehl des Führers und Obersten Befehlshabers der Wehrmacht trägt sein siegreiches Geschwader nun seinen Namen. So wird er in der Luftwaffe wie in der Geschichte des deutschen Volkes bis in alle Ewigkeit fortleben. Sein Andenken soll uns stolze Tradition und stets Vorbild höchster militärischer Tugend sein. Seinem kühnen Angriffsgeist sollt ihr nacheifern, um so die Lücke zu schließen, die sein Tod in unsere Reihen gerissen hat. Darum vorwärts, Kameraden, zum Endsieg im Geist unseres unvergeßlichen Helden.

Göring,

Reichsmarschall des Großdeutschen Reiches und Oberbefehlshaber der Luftwaffe.

Nachruf und Tagesbefehl des Reichsmarschalls, veröffentlicht in allen großen Zeitungen Deutschlands und bei der Truppe an der Front.

24. November 1941: In der Kapelle eines Breslauer Reservelazaretts ist Oberst Mölders aufgebahrt. Rechts von ihm, im geschlossenen Sarg, Flugzeugführer Oblt. Kolbe, links Bordmechaniker Ofw. Hobbie, die mit ihm ums Leben kamen. Ritterkreuzträger Oberstltn. Ludwig Schulz, Kdr. der Luftkriegsschule 5, erweist die letzte Ehre und legt den Kranz des Reichsmarschalls nieder.

Einen Tag später erfolgt die Überführung nach Berlin. Ganz Breslau nahm daran Anteil und Zehntausende von Menschen säumten in echter Anteilnahme und Trauer den letzten Weg Mölders, der auch am Geburtshaus seines großen und von ihm verehrten Jagdfliegervorbildes, Frhr. Manfred von Richthofen, vorbei führte.

Abschied von Oberst Mölders

Staatsakt in Anwesenheit des Führers

Berlin, 28. Nov. Die Trauer des deutschen Volkes um Werner Mölders fand ergreifenden Ausdruck in einem feierlichen Staatsakt im Ehrensaal des Reichsluftfahrtministeriums, bei dem Reichsmarschall Hermann Göring in Gegenwart des Führers die Persönlichkeit dieses hervorragendsten deutschen Offiziers in ihrer ganzen beispielhaften Größe würdigte, und in dem vom Führer angeordneten Staatsbegräbnis.

Alle in Berlin anwesenden führenden Männer des nationalsozialistischen Staates, höchste Offiziere der deutschen Wehrmacht, Reichsminister, Reichsleiter und Gauleiter, Staatssekretäre sowie Angehörige der diplomatischen Vertretungen der befreundeten Nationen erwiesen dem toten Helden die letzte Ehre. Mölders fand auf dem Invalidenfriedhof neben Manfred von Richthofen und Ernst Udet seine Ruhestatt.

In der elften Stunde zog in der Wilhelmstraße vor dem Reichsluftfahrtministerium ein Bataillon der Luftwaffe und eine Batterie eines Flakregiments zur Trauerparade auf. In Begleitung des Reichsmarschalls und des Generalfeldmarschalls Milch schritt der Führer die Trauerparade ab. Danach begab sich der Führer zum Ehrenmal, wo die Bahre von Oberst Mölders ruhte, bedeckt mit der Reichskriegsflagge, dem Stahlhelm und einem herrlichen Strauß roter Rosen.

Reichsmarschall Göring widmete Werner Mölders folgende Worte:

„Genau eine Woche ist es her, als unsere ruhmreichen Fahnen sich hier senkten. Da nahmen wir Abschied von einem Helden des großen Weltkrieges, schmerzlichen Abschied von meinem alten treuen Waffengefährten.

Und heute heißt es nun wieder Abschied nehmen. Noch waren wir im Bann des schweren Schicksalsschlages, der uns den siegreichen Helden des Weltkrieges nahm; da kam die schier unfaßbare Nachricht, daß du, mein junger Freund, von uns gegangen bist. Unfaßbar deshalb, weil dein ganzes Leben ein Sieg war, unfaßbar für uns, weil wir nicht glauben konnten, daß deine kraftvolle, lebensbejahende Gestalt nun nicht mehr deinen Kameraden voranleuchten soll.

Vom Feinde unbesiegt bist du gefallen. An keiner der vielen Fronten, an denen du gekämpft und dein Geschwader von Sieg zu Sieg geführt hast, konnte dich der Gegner überwinden! Doch das Schicksal, das stärker ist als wir alle, das für uns unerforschlich bleibt, hat dich nun auf so tragische Weise abberufen.

Tiefe Trauer bewegt uns. Und doch wird sie überstrahlt von der stolzen Freude und dem Glück, daß wir dich, du junger Held, besitzen und unser nennen durften. Leicht wird das Wort Held ausgesprochen, und nur wenigen ist es vergönnt, wahres Heldentum zu erringen. Und fast immer ist es so gewesen, daß die Gestalt des Helden im Bewußtsein des Volkes jugendlich erschien und auch jugendlich das Erdendasein verließ. Unsere alten Vorfahren versetzten solch unsterbliche Helden in ihrem Glauben an die ewige Kraft des Sieghaften dann in den hohen Himmelsdom und ließen sie weiter dort als Sterne uns erscheinen. Oder sie grüßten sie auf ihrer Fahrt nach Walhall im Bewußtsein, daß nur der Kämpfer, nur der starke Mann, daß nur der Held, der, das eigene Leben nicht achtend, für sein ganzes Volk Schicksal trug und Schicksal wurde, ewigen Ruhmes und höherer Ehre teilhaftig sein sollte als all die andere Menschheit.

Sie sind nie alt geworden, die ganz großen Helden. Strahlend in ihrer Jugendkraft blieben sie unvergeßlich in unserem Gedächtnis.

Und so bist auch du gewesen: unerschrocken, jung und strahlend, das Abbild des kühnen Kämpfers. Während all der harten Kämpfe bist du immer Sieger geblieben! Unsterblich sind deine Taten. Unsterblich bleibt dein Name. Du bist so vielen Vorbild gewesen und hast so viele deiner jungen Kameraden auch zu Helden erzogen. Ein stolzes Gefühl bewegt mich, daß diese deine Kameraden, alle ebenfalls harte Kämpfer und siegreiche Helden wie du, nun dir, unserem Kühnsten und Tapfersten, in getreuer Kameradschaft an deiner Bahre den letzten Ehrendienst erweisen. Sei gewiß, daß diese Kameradschaft nie erlöschen wird.

Und wie nahe du meinem Herzen gestanden hast, weißt du selbst, du junger, glücklicher, du sieggekrönter strahlender Mensch.

Als vorhin die unsterblichen Töne aus Richard Wagners „Götterdämmerung" erklangen, da verstummte auch unsere Trauer, da fühlten wir nur das Strahlende und Sieghafte. Unter diesen Klängen, unter diesen Fanfarenstößen bist du emporgestiegen. Jetzt wird uns die Kraft deines Heldentums von dort leuchten. Immer wird dein Vorbild vor uns stehen. Und so lange es deutsche Jungen gibt und so lange eine deutsche Luftwaffe die Heimat schirmt, wird jeder nur einen Wunsch haben: ein Mölders zu werden!

Gewiß, für uns, deine Kameraden, und für deine Angehörigen ist es bitter und schwer, daß du jetzt von uns gehen mußt. Aber für dich selbst ist alles so schön gewesen, so groß, so glänzend. Und letzten Endes werden auch die Menschen, die dein Verlust am schwersten getroffen hat, trotz aller Trauer das Glück empfinden, dir nahegestanden zu haben, ob es die Mutter ist, die dich geboren hat, ob die Geschwister, die dich begleitet haben, oder die Frau, die dich jetzt hergeben muß, oder die Kameraden, die dich nun missen müssen. Ueber all dieser Trauer steht der unerhörte Glanz deines Sieges, der dem deutschen Volk die Ueberzeugung gegeben hat, daß Deutschland nur siegen kann. Ein Volk, das solche Helden hat, ist zum Siege bestimmt!

Und wenn der Tag kommt, da der Sieg errungen ist, der Tag, an dem die Banner der Freiheit und des Sieges aufgezogen werden und das deutsche Volk dankbar seiner Helden gedenkt, dann wirst du unter ihnen an erster Stelle stehen, denn du hast dem deutschen Volk die Gestalt des jungen Siegfried zurückgegeben, des strahlenden Helden, der früh in der Schönheit und der Kraft des jugendlichen Sieges gehen mußte.

Und nun darf ich zum Abschied dir sagen, du junger Held: Fahr auf nach Walhall!"

Pressemeldung mit der Schilderung des Staatsakts (Staatsbegräbnis) vom 28. November 1941.

Aufbahrung im Ehrenhof des Reichsluftfahrtministeriums in Berlin.

Mölders Tapferkeitsauszeichnungen (von links): Goldenes Flugzeugführerabzeichen mit Brillanten, Eichenlaub mit Schwertern und Brillanten zum Ritterkreuz des Eisernen Kreuzes, das Deutsche Spanien-Kreuz in Gold mit Schwertern und Brillanten; unten: Das Eichenlaub zum Ritterkreuz, das Eichenlaub mit Schwertern zum Ritterkreuz des Eisernen Kreuzes.

Der Staatsakt am 28. November im Reichsluftfahrtministerium an der Wilhelmstraße in Berlin. Kurz vor 11 Uhr tritt Hitler mit seiner Begleitung ein. Links von ihm Reichsleiter Martin Bormann, rechts Gen.Feldmarschall Milch.

Hitler grüßt den zur Trauerfeier im Ehrensaal des Reichsluftfahrtministeriums aufgebahrten toten Jagdflieger.

Der Gruß des Reichsmarschalls an der Bahre. Die Ehrenwache halten seine hochdekorierten Jagdfliegerkameraden. Linke Reihe: Schalk, Lützow, Oesau, Müncheberg; rechte Reihe: Galland, Falk, Kaminski, Nordmann (verdeckt).

Links: Während Unteroffiziere der Luftwaffe den Sarg auf die Lafette setzen, die Mölders zur letzten Fahrt durch Berlin führen wird, grüßen Göring und Milch den Toten mit erhobenem Marschallstab. – Rechts: Das Ordenskissen, getragen von einem jungen Oberleutnant der Jagdflieger.

Der Trauerzug beim Marsch durch die Reichshauptstadt. Neben der Lafette die Unteroffiziere und die acht Ritterkreuzträger der Ehrenwache. Dahinter Göring, gefolgt von fünf weiteren Ritterkreuzträgern der Jagdflieger und der gesamten zu dieser Zeit in Berlin weilenden Generalität der Wehrmacht und den Spitzen des Staates.

Wie in Breslau, so nahmen auch in Berlin Zehntausende von Menschen Abschied von Mölders und umsäumten die Straßen auf seinem letzten Weg zum Invalidenfriedhof. Dort fand er in allernächster Nähe von Frhr. von Richthofen und dem erst eine Woche vorher beigesetzten Gen.Oberst Ernst Udet seine letzte Ruhestätte.

Das letzte Stück seines Weges, vorbei am Grabe des erfolgreichsten Jagdfliegers des I. Weltkrieges, Rittmeister Manfred Frhr. von Richthofen, gefallen am 21. 4. 1918 in Frankreich, im November 1925 in die Heimat überführt.

Eine 8,8 cm Flak-Batterie der Luftwaffe schießt im Tiergarten den Ehrensalut. Im Hintergrund rechts die „Siegessäule".

„Ich hatt' einen Kameraden"! – Mit gezogenem Degen am Grab (v. r. n. l.): Galland, Falk, Kaminski, Nordmann. Ganz rechts hinten die Ritterkreuzträger und Jagdfliegerkameraden Gordon M. Gollob und Hannes Trautloft.

Der letzte Gruß!

Das Grab auf dem Invalidenfriedhof in Berlin, der im Ostteil der Stadt lag. Nach dem Krieg kümmerten sich die Machthaber in Ostberlin nicht mehr um den traditionsreichen Friedhof, der 1945 viele Schäden erlitten hatte und ließen ihn verkommen. 1975 lösten sie den Friedhof ganz auf und ebneten alle Gräber ein! Sie zerstörten damit ein Kleinod preußisch-deutscher Geschichte. Auf dem Friedhof ruhten ja nicht nur große Soldaten, sondern auch berühmte Erfinder, Forscher, Schriftsteller, Diplomaten und Kaufleute. An sie alle und diese unvergessene ehemalige deutsche Ehrenstätte möge der nachstehende Spruch erinnern, der auf dem Grabstein des Invalidenhausdichters Major Wallaiser stand:

Die alten Linden rauschen,
der Abend bricht herein.
Es liegt im Zauberdunkel
der Helden stiller Hain.
Die einst für Deutschland kämpften,
die Preußen großgemacht,
sie ruhen hier in Frieden
in kühler Erdennacht.
Habt Dank, ihr wack'ren Männer!
Was irdisch ist, vergeht!
Doch was ihr einst geschaffen,
für immerdar besteht.

AM SONNTAG, DEM 14. DEZEMBER 1941, 11 UHR

findet in der Stadthalle zu Ehren des verewigten Inspekteurs der Jagdflieger

OBERST WERNER MÖLDERS

eine Gedenkfeier statt.

Wir beehren uns, hierzu ergebenst einzuladen.

Brandenburg (Havel), den 6. Dezember 1941.

DR. SIEVERS
Oberbürgermeister

HEPPNER
Kreisleiter I. V.

Zum Tode unseres lieben, unvergeßlichen Werner sind uns unendlich viele wohltuende und ehrende Beweise rührender Teilnahme zugegangen. Von ganzem Herzen danken wir dafür. Es tut uns leid, daß wir nicht jedem Einzelnen persönlich antworten können. Wir bitten deshalb unseren tiefgefühlten Dank auf diesem Wege entgegenzunehmen.

Im Namen aller Angehörigen

Annemarie Mölders
geb. Riedel
Brandenburg/Havel

Luise Mölders
geb. Thurner
München

Gedenkfeier auch in der Heimatstadt Mölders, in Brandenburg/Havel und die Danksagung der Familie Mölders für die unzähligen Beileidsbekundungen, die sie aus ganz Deutschland und dem befreundeten Ausland, besonders aus Spanien, erhielt.

Zur steten Erinnerung an Werner Mölders: Die hervorragende PK-Zeichnung von Wolf Willrich, gezeichnet 1940; das schöne Ölgemälde des bekannten Kriegsmalers Erich Cleff, das 1941 entstanden ist, sowie eine Bronzebüste aus dem Jahr 1940. Der Name des Künstlers, der sie schuf, ist leider nicht mehr bekannt.

Frau Luise Mölders mit ihrer Tochter Verena, deren Geburt Werner Mölders leider nicht mehr erlebt hat.

Unvergessen – Oberst Werner Mölders

Verena, die Tochter Werner und Luise Mölders, achtzehn Jahre später.

13. April 1968 in Bath/Maine (USA): Taufe und Stapellauf des Lenkwaffenzerstörers „Mölders“ auf der Werft „Bath Iron Works“. Damit wurde erstmalig in der Geschichte der deutschen Marine ein Kriegsschiff nach dem Namen eines verdienten Luftwaffenoffiziers benannt.

Das „Holiday Inn“, in dem auch der große Festabend stattfand, begrüßt seine Gäste!

Die Taufe wurde von der Mutter W. Mölders vorgenommen, und alle Familienangehörigen waren hierzu eingeladen. Von links nach rechts: Frau Marlis mit ihrem Mann Victor (jüngerer Bruder), Annemarie Mölders (Schwester), Anna-Maria Mölders (die Mutter, s. Zt. 79 Jahre alt), Hans Mölders (älterer Bruder) mit Gattin Eleonore.

Der Lenkwaffenzerstörer D 186 „Mölders" der Bundesmarine in seinem Element.

Ehemalige Kommodore des JG 51 „Mölders" zu Besuch auf dem Zerstörer. Von rechts: Gen. Ltn. a. D. Theo Osterkamp, Fritz Losigkeit, der Kommandant, Fregattenkapitän Mann und Dr. Heinz Lange.

Der Zerstörer „Mölders“ geht immer wieder auf „große Fahrt“ und trägt den Namen dieses hervorragenden Fliegers, Soldaten und Menschen in alle Welt. Hier einige philatelistische Belege von diesen Reisen.

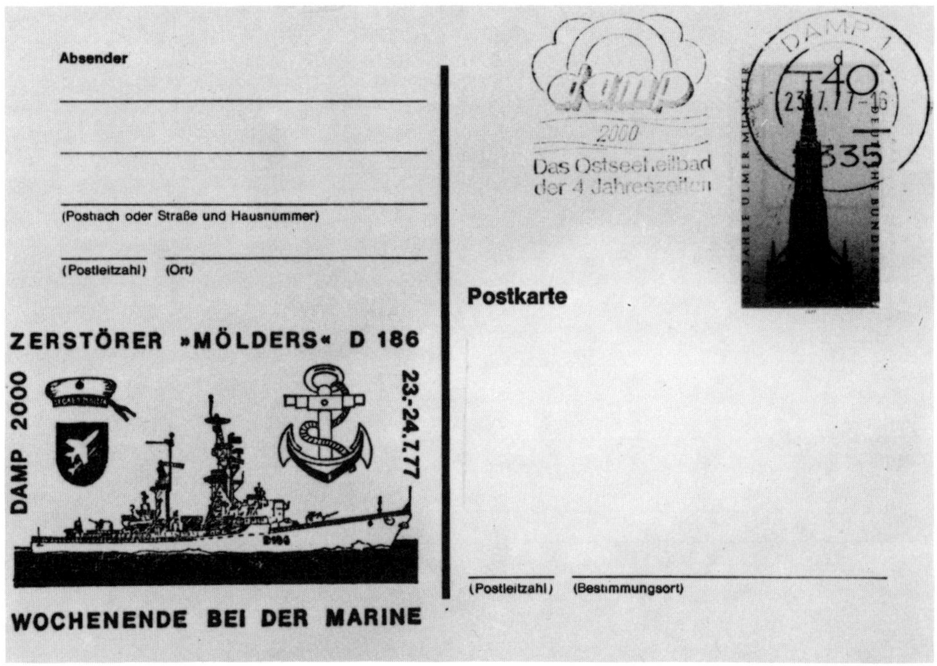

Am 9. November 1972 wurde Mölders erneut von der Bundeswehr geehrt! Die Luftwaffen-Kaserne der II. Abteilung des Fernmelderegiments 34 in Visselhövede (in der Lüneburger Heide) erhielt den Namen „Mölders-Kaserne".

Zum 5. Jahrestag der II./FmRgt. 34 und Tag der offenen Tür am 18. 9. 1976 wurde diese „Erinnerungsganzsache" herausgebracht.

2. LUFTWAFFEN
DIVISION

Der Kommandeur der 2. Luftwaffendivision
Brigadegeneral Werner Schmitz

bittet

zu einem militärischen Appell anläßlich der feierlichen Verleihung des Traditionsnamens
„Mölders"
an das Jagdgeschwader 74 und Benennung der Kaserne Grünau in
„Wilhelm-Frankl-Kaserne"
mit anschließendem Empfang am 22. November 1973
nach
Neuburg an der Donau.

Die größte Auszeichnung nach dem Kriege wurde dem unvergessenen Jagdflieger am 22. 11. 1973, seinem 32. Todestag, zuteil. Im Rahmen eines feierlichen Appells wurde dem in Neuburg a. d. Donau stationierten Jagdgeschwader 74 der Traditionsname „Mölders" verliehen. Damit ist Mölders der einzige Soldat, der mit seinem Namen in zwei Teilstreitkräften, Marine und Luftwaffe, vertreten ist!

22. 11. 1973 auf dem Fliegerhorst (Basis Zell) in Neuburg/Donau: Der Inspekteur der Bundesluftwaffe, Gen.Ltn. (jetzt a. D.) Günther Rall, selbst einer der besten Jagdflieger des II. Weltkrieges, begrüßt Frau Petzolt-Mölders. Links Hans Mölders mit Gattin, rechts Oberst Erlemann, zu dieser Zeit Kommodore des JG 74.

Gen.Ltn. Rall und der Kommodore, Oberst Erlemann, beim Abschreiten der Front des zur feierlichen Namensgebung in Paradeformation angetretenen Geschwaders.

Dr. Heinz Lange, Major a. D. und Träger des Ritterkreuzes zum Eisernen Kreuz, letzter Kommodore des JG 51 „Mölders", bei der Festansprache.

Blick auf die Ehrentribüne während des Festaktes. Links im hellen Mantel und mit Pelzmütze der unvergessene Senior der deutschen Jagdfliegerei Gen.Ltn. a. D. „Onkel Theo" Osterkamp, der es sich trotz seines hohen Alters nicht nehmen ließ, an der Ehrung seines ehemaligen Schülers und Nachfolgers als Geschwaderkommodore teilzunehmen.

Das neue Ärmelband „Geschwader Mölders“ und das Fahnenband für die Truppenfahne.

Generalleutnant Rall heftet dem Kommodore des Geschwaders, Oberst Erlemann, die Ärmelbänder an.

Der neue Name des Geschwaders: Jagdgeschwader 74 „Mölders".

Rechts: Generalleutnant Rall (links) und Oberst Erlemann nach dem feierlichen Appell vor einer Bf 109-E mit dem aufgemalten Geschwaderwappen des ehemaligen JG 51 „Mölders".

Das berühmte Messerschmitt-Jagdflugzeug war eine Leihgabe des Deutschen Museums in München für diese Feierstunde. Die Maschine ist in der Luftfahrtabteilung des Museums zu besichtigen.

Links: Gleichzeitig mit der Verleihung des Traditionsnamens wurde die Truppenunterkunft des Geschwaders, die Kaserne Grünau, in „Wilhelm-Frankl-Kaserne“ benannt. Frankl wurde am 20. 12. 1893 als Sohn jüdischer Eltern in Hamburg geboren. Im I. Weltkrieg errang er insgesamt 19 Luftsiege und erhielt den Orden „pour le mérite“. Am 8. April 1917 fiel dieser hervorragende Jagdflieger, den man im 3. Reich totschwieg, als Ltn. d. Res. bei Vitry-Sall (Frankreich) im Luftkampf.

Rechts: Der Unterkunftsbereich des Jagdgeschwaders 74 „Mölders“ ist die erste Kaserne der Bundeswehr, die nach einem deutschen Soldaten jüdischer Abstammung benannt wurde.

Der Gedenkstein für Wilhelm Frankl im Hof der Fliegerkaserne in Neuburg/Donau. Nach der Enthüllung des Gedenksteins (von links): Oberst Erlemann, Werner Nachmann, Vorsitzender des Zentralrats der Juden in Deutschland, Gen.Ltn. Rall, Gen.Ltn. a. D. Theodor Osterkamp († 2. 1. 1975).

Auf Briefen und Karten verewigt, geht auch mit der deutschen Bundespost die Kunde von der Namensgebung an das JG 74 in alle Welt.

Stolz tragen die Angehörigen des Jagdgeschwaders 74 „M" den Ärmelstreifen „Geschwader Mölders".

Auf den modernen Jagdflugzeugen des JG 74 „M", hier eine McDonnell Douglas F-4 „Phantom", ist das neue Geschwaderwappen aufgemalt.

Im März 1975 wurde in der „Wilhelm-Frankl-Kaserne" ein Traditionsraum eröffnet. Hptm. Maison (rechts), der sich große Verdienste um die Wahrung der Tradition erworben hat, übergibt dem Kommodore Oberst Erlemann das Modell eines Fokker E-III Jagdeinsitzers aus der Zeit des I. Weltkrieges.

Im September 1979 wurde der Traditionsraum innerhalb des Kasernenbereichs verlegt und wesentlich erweitert. Blick auf die Ausstellungsstücke im neuen Traditionsraum, die dem Jagdflieger-As des I. Weltkrieges, Wilhelm Frankl, und seinen Kameraden gewidmet sind.

1. MÖLDERSTREFFEN

im

Jagdgeschwader 74 „M"

Neuburg/Donau

Vom 29. 5.–1. 6. 1975 fand in der „Wilhelm-Frankl-Kaserne" das 1. Mölderstreffen statt, das viele alte und neue „Mölderianer" vereinte und einen sehr harmonischen Verlauf nahm.

Als Gäste dabei Verena Buchanan, die Tochter W. Mölders, und Erwin Fleig, der ehemalige Kampfgefährte und Katschmarek ihres Vaters.

In fröhlicher Runde: Oberst Schmitz (links), der Nachfolger von Oberst Erlemann (rechts) als Kommodore des Geschwaders, Frau Petzolt-Mölders und Dr. Heinz Lange.

Dr. Lange und Hptm. Maison bei der Enthüllung des von Lothar Busse, einem ehemaligen Flugzeugführer des JG 51 „Mölders" gemalten Mölders-Portrait. Dieses Geschenk L. Busses hängt im Offiziers-Kasino der „Wilhelm-Frankl-Kaserne".

Das JG 74 „M“ hat immer wieder Gäste aus aller Welt und die Besucher besichtigen auch den hervorragend ausgestatteten Traditionsraum des Geschwaders. Hier eine Besuchergruppe ausländischer Stabsoffiziere der Führungsakademie der Bundeswehr in Hamburg mit Oberst Schmitz (links) und Hptm. Maison (Mitte).

Zu den gern gesehenen Gästen zählt stets auch Victor Mölders, der jüngere Bruder von Werner. Hier mit Major Riechmann, Hauptmann Maison und Major Menge (von links nach rechts), der sich ebenfalls große Verdienste um die Namensgebung und Traditionspflege beim Geschwader Mölders erworben hat.

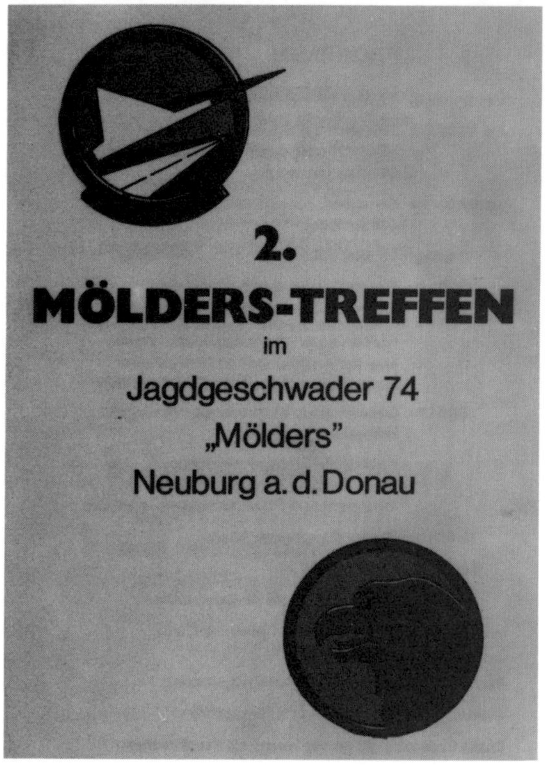

Die Einladungskarte zum 2. Mölders-Treffen vom 19. mit 21. Mai 1977, das ebenfalls ein großer Erfolg war.

Zwei Schnappschüsse von diesem gelungenen Geschwadertreffen; Frau Petzolt-Mölders (rechts) im Gespräch mit Dr. Lange, dem letzten Kommodore des JG 51 „Mölders" und seiner Gattin.

Die strahlende Tochter Werner Mölders, Frau Verena Buchanan mit ihrem Gatten.

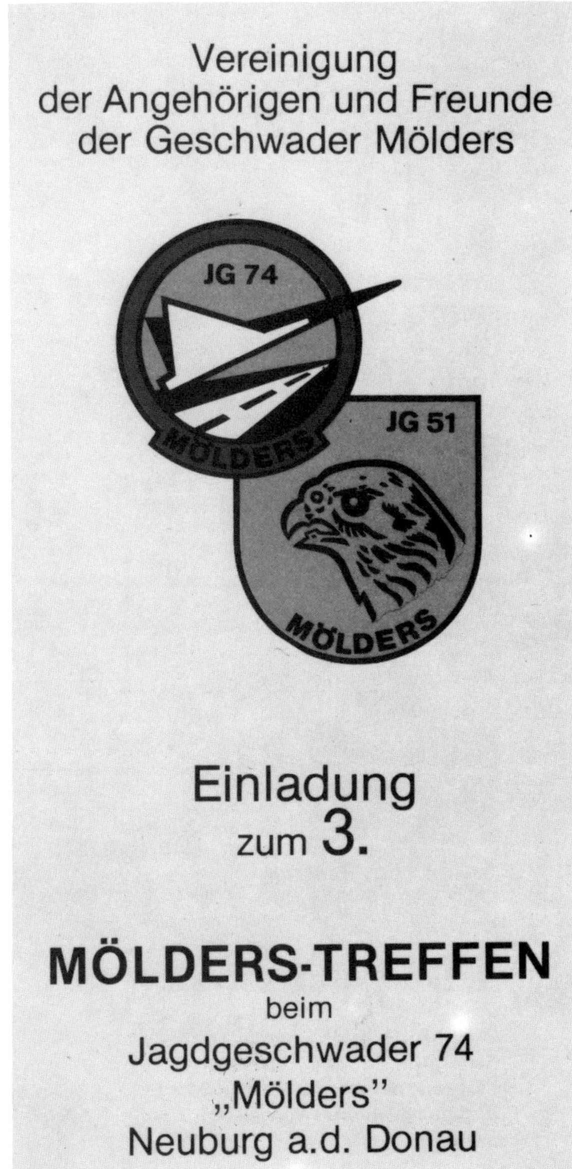
Vereinigung
der Angehörigen und Freunde
der Geschwader Mölders

Einladung
zum 3.

MÖLDERS-TREFFEN
beim
Jagdgeschwader 74
„Mölders"
Neuburg a.d. Donau

Oben links: Das JG 74 „M" hält stets engen Kontakt mit den Angehörigen des ehemaligen JG 51 „Mölders", ganz besonders aber mit der in Oberbayern lebenden Witwe von Werner Mölders, Frau Luise Petzolt-Mölders. Hier bei einem Besuch bei dem damaligen Kommodore Oberst (jetzt Brigadegeneral) Walter Schmitz.

Rechts und unten: Zum drittenmal seit der Namensgebung trafen sich vom 28.–30. 9. 1979 in Neuburg/Donau die ehemaligen Angehörigen des JG 51 mit ihren Familien und die Aktiven des JG 74 „M" mit deren Angehörigen zum großen „Mölders-Treffen". Zu den Höhepunkten gehörten die Eröffnung und Vorstellung des neuen Traditionsraumes beim „Tag der offenen Tür", der „Große Zapfenstreich", anläßlich der gleichzeitig stattgefundenen Feierlichkeiten anläßlich des 20jährigen Bestehens der Bundeswehrgarnison in Neuburg/Donau sowie die Enthüllung der „Mölders-Gedenktafel" auf der Basis Zell.

Oben: Blick in den neuen Traditionsraum mit den Ausstellungsstücken, die an Werner Mölders und seine Männer vom JG 51 erinnern.

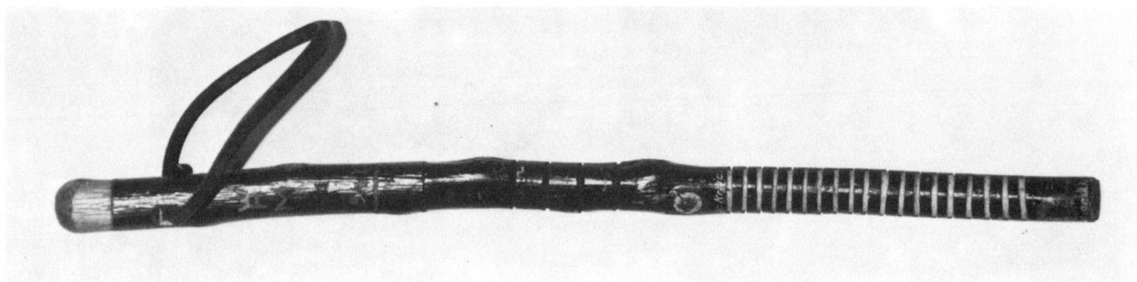

Mitte: Unter den Erinnerungsstücken befindet sich auch der Jagdflieger-Abschußstock von Hptm. Mölders für die in der Zeit vom 1. 9. 1939–3. 6. 1940 erzielten 23 Luftsiege.

Unten: Das Modell der Unglücks-He 111 des KG 27 „Boelke“, Kennung 1 G + TH, mit der Mölders am 22. November 1941 ums Leben kam.

IM NAMEN
DES DEUTSCHEN VOLKES
VERLEIHE ICH
DEM OBERSTLEUTNANT
WERNER MÖLDERS
DAS EICHENLAUB MIT SCHWERTERN
ZUM RITTERKREUZ
DES EISERNEN KREUZES

FÜHRERHAUPTQUARTIER
DEN 22. JUNI 1941

DER FÜHRER
UND OBERSTE BEFEHLSHABER
DER WEHRMACHT

In einer der Vitrinen liegt die Original-Kassette mit der Verleihungsurkunde für das Eichenlaub mit Schwertern zum Ritterkreuz des Eisernen Kreuzes.

28. 9. 1979: Der Kommodore des JG 74 „M“, Oberst Michael Estendorfer (links) und Major Hartmut Hochgesang bei der Enthüllung der „Mölders-Gedenktafel“, die am Geschwadergefechtsstand auf der Basis Zell angebracht wurde.

Die Bronzetafel für den Namensgeber des Jagdgeschwaders 74 der Bundesluftwaffe.

Unvergessen – Oberst Werner Mölders.

Quellenhinweise

GEDRUCKTE QUELLEN:

Fritz von Forell: „Mölders und seine Männer“

Fritz von Forell: „Mölders – Mensch und Flieger“ (Ein Lebensbild)

Fritz von Forell: „Werner Mölders – Flug zur Sonne“ (Die Geschichte des großen Jagdfliegers)

Galland, Adolf: „Die Ersten und die Letzten“

Obermaier, Ernst: „Die Ritterkreuzträger der Luftwaffe 1939–1945. Band I – Jagdflieger“

Osterkamp, Theo: „Durch Höhen und Tiefen jagt ein Herz“

Ries, Karl/Ring, Hans: „Legion Condor 1936–1939“ (Eine illustrierte Dokumentation)

Rübell, Günther: „Kreuze – im Himmel – wie auf Erden“

Witetschek, Helmut: Vierteljahreshefte für Zeitgeschichte, Heft 1 – Januar 1968

Diverse Ausgaben des „Jägerblatts“, des offiziellen Organs der „Gemeinschaft der Jagdflieger E. V.“

„Der Völkische Beobachter“, Jahrgang 1940 und 1941

DOKUMENTE UND FOTOS STELLTEN ZUR VERFÜGUNG:

Aders, Gebhard
Ing. (Grad.) Barbas, Bernd
Bardorf, Reinhold
Beckh, Friedrich
Fetzer, Rudolf
Fleig, Erwin
Held, Werner
Dipl. Ing. Architekt Hintze, Otto
Jagdgeschwader 74 „M“
Oberst a. D. Janke, Johannes
Joss, Karl
Dr. jur. Lange, Heinz
Lorant, Jean-Yves
Hptm. a. D. Maison, Ernst
Malo, Ernst
Mölders, Victor
Obermaier, Ernst
Olejnik, Robert
Petrick, Peter
Petzolt-Mölders, Luise
Bauing. Ries, Karl
Ring, Hans
Schäfer, Wolf
Scherer, Rainer
Schnatmann, Gerhard
Weiler, Anton

Allen genannten Personen sei an dieser Stelle für ihre selbstlose Hilfe sehr herzlich gedankt. Der besondere Dank der Autoren gilt Frau *Petzolt-Mölders*, der Witwe Werner Mölders, für die freundliche Überlassung aller Unterlagen ihres Mannes, wie Wehrpaß, Flugbuch, Urkunden, Briefe usw. zu Auswertung und Abdruck sowie für ihre wertvolle beratende Mitarbeit an diesem Werk.

Unser Dank gilt ganz besonders Herrn Hptm. d. BW. a. D. *Ernst Maison*, dem langjährigen Traditionsoffizier des JG 74 „M“, für seine Unterstützung, die viel zum Gelingen dieses Buches beigetragen hat.

Sehr zu danken haben wir auch Herrn *Erwin Fleig* für sein Vorwort und die Durchsicht dieses Buches sowie Herrn Verlagsdirektor *Wolfgang Schilling* für die Herausgabe und Ausstattung dieses Werkes.

Ebenso danken wir den Herren *Victor Mölders* und Oberst a. D., Dipl. rer. pol. *Hans Gottfried Schulz* für die Durchsicht des Manuskripts und ihre wertvollen Hinweise dazu.

Nicht zuletzt aber gilt unser Dank auch unserem gemeinsamen Freund *Hans Ring,* der mit der Prüfung und Überarbeitung des Manuskripts einen wertvollen Beitrag zum Entstehen dieses Buches geleistet hat.

München und Ransbach-Baumbach, im Oktober 1982
Die Autoren